Peter von Foerster

Das Urheberrecht des Theaterregisseurs

Schriftenreihe der UFITA **Heft 43**

Archiv für Urheber-, Film-, Funk- und Theaterrecht
Herausgegeben von Dr. jur. Georg Roeber, München

Das Urheberrecht des Theaterregisseurs

von

Dr. jur. Peter von Foerster
Hamburg

1973

J. Schweitzer Verlag · Berlin

ISBN 3 8059 0267 0

Satz: Behr, München — Druck: Gerber, München

Zum Geleit

Die Arbeit, die hiermit der Öffentlichkeit vorgelegt wird, behandelt mit dem Urheberrecht des Theaterregisseurs ein Thema, das gerade in jüngerer Zeit wieder besondere Aktualität gewonnen hat. Die neuere Rechtsprechung des Bundesgerichtshofs hat wiederholt die Rechtsstellung des Bühnenregisseurs zum Gegenstand gehabt, so in den Entscheidungen vom 29. 4. 1970 „Maske in Blau" und vom 19. 11. 1971 „Biografie: ein Spiel". Auch in der Literatur der letzten Zeit findet sich eine Reihe von Äußerungen zu diesem Fragenkreis – so etwa *Schmieder* UFITA Bd. 63/1972, S. 133 ff., *Krüger-Nieland* UFITA Bd. 64/1972 S. 129 ff., *Schultze* Film und Recht 1972 S. 250 ff. – Neben manchen anderen Problemen, von denen nur beispielsweise das Verhältnis des Regisseurs zum Autor genannt sei, nimmt in diesem Zusammenhang auch die in den Entscheidungen des BGH nur gestreifte Frage, ob dem Theaterregisseur ein Urheberrecht an der Inszenierung zusteht, einen wichtigen Platz ein. Ihr ist der Autor in gründlicher Untersuchung nachgegangen.

Die Frage nach dem Urheberrecht des Theaterregisseurs ist nicht neu, doch ist bis heute keine allgemein anerkannte Lösung gefunden. Die wohl überwiegende Meinung, die ein solches Urheberrecht für den Normalfall verneint, beruht im wesentlichen noch auf Auffassungen, die unter der Geltung der alten Urhebergesetze mit ihrer zumindest im Prinzip abschließenden Aufzählung der schutzfähigen Rechte entwikkelt worden sind. Wenn demgegenüber auch die Rechtsentwicklung schon vor dem Urheberrechtsgesetz von 1965 wesentliche Fortschritte gemacht hat, so hat dieses Gesetz doch eine in mancherlei Hinsicht veränderte Situation geschaffen. Es ist daher nicht nur sinnvoll, sondern sogar sehr verdienstlich, überkommene, aber nicht voll ausgetragene Streitfragen wieder aufzugreifen und auf der Grundlage des heutigen Urheberrechts zu überprüfen. Hierbei entwickelt der Verfasser einen von der bisher überwiegenden Auffassung abweichenden, sachlich ausgewogenen und differenzierten neuen Lösungsvorschlag.

Götz Hueck

Inhaltsverzeichnis

Literaturverzeichnis

Allfeld, Philipp — Das Urheberrecht an Werken der Literatur und der Tonkunst. Kommentar zu dem Gesetze vom 19. Juni 1901 sowie zu den internationalen Verträgen zum Schutze des Urheberrechts. 2. Auflage, München 1928

Baum, Alfred — Zur Neuregelung des Filmrechts. GRUR 1952, S. 480 ff.

Benkard, Georg — Bearbeitungs-, Verwertungs- und Leistungsschutzrechte im Referentenentwurf zur Urheberrechtsreform. UFITA Bd. 19, 1955 I, S. 88 ff.

Berthold-v. Hartlieb — Filmrecht. München und Berlin 1957

Bussmann-Pietzcker-Kleine — Gewerblicher Rechtsschutz und Urheberrecht. 3. Auflage, Berlin 1962

Cahn-Speyer, Rudolf — Das Urheberrecht des konzertierenden Künstlers. Allgemeine Musikzeitung 1926, S. 79 ff.
Zur Grenzbestimmung des Urheberrechts. GRUR 1930, S. 755 ff.
Leistungsschutz oder Urheberrecht des ausübenden Künstlers? UFITA Bd. 4, 1931 S. 368 ff.
Über das Schutzrecht des ausübenden Künstlers. UFITA Bd. 5, 1932 S. 342 ff.

Dienstag-Elster — Handbuch des deutschen Theater-, Film-, Musik- und Artistenrechts. Berlin 1932

Ellinger, Werner Bruno — Der Rechtsschutz der künstlerischen Darstellung. Diss. Heidelberg 1934

Elster, Alexander — Tonbild und Bildfunk. UFITA Bd. 2, 1929 S. 255 ff.
Formgebung und Ausdrucksmittel in ihrer Bedeutung für das Recht des Urhebers. UFITA Bd. 2, 1929 S. 595 ff.
Formgebung und Ausdrucksmittel II. UFITA Bd. 3, 1930 S. 371 ff.
Das Leistungsschutzrecht des ausübenden Künstlers. UFITA Bd. 3, 1930 S. 574 ff.

	Formgebung und „Grenzbestimmung des Urheberrechts". GRUR 1930, S. 927 ff. Prolegomena des Aufführungs- und Vorführungsurheberrechts. UFITA Bd. 4, 1931 S. 433 ff.
Freiesleben	Rechtsschutz der Regiekunst. GRUR 1916, S. 112 ff.
Fromm, Karl	Das Recht des Regisseurs und der Schutz seiner künstlerischen Leistung. GRUR 1962, S. 561 ff.
Fromm-Nordemann	Urheberrecht. Kommentar zum Urheberrechtsgesetz und zum Wahrnehmungsgesetz mit den internationalen Verträgen und dem sowjetzonalen Gesetz über das Urheberrecht. Stuttgart, Berlin, Köln, Mainz 1966
von Gamm, Otto-Friedrich	Urheberrechtsgesetz. Kommentar. München 1968
Gnekow, Horst	Das Recht des Regisseurs. Diss. Göttingen 1940
Gründgens, Gustav	Wirklichkeit des Theaters. Frankfurt 1953
Haeger, Siegfried	Der Film als Gesamtwerk. UFITA Bd. 25, 1958, S. 285 ff.
Haertel-Schiefler	Urheberrechtsgesetz und Gesetz über die Wahrnehmung von Urheberrechten und verwandten Schutzrechten. Textausgabe mit Verweisungen und Materialien. Köln, Berlin, Bonn, München 1967
Hagemann, Carl	Regie. Die Kunst der szenischen Darstellung. 6. Auflage 1921
Hartmann, Nicolai	Ästhetik. Berlin 1953.
Hauffe, Hans Günter	Der Künstler und sein Recht. München 1956
Hirsch Ballin, Ernst D.	„Verwandte Schutzrechte". UFITA Bd. 18, 1954 S. 310 ff. Anmerkung zum Urteil des Cour d'Appel, Paris, vom 1. 4. 1963. Schulze, Rechtsprechung zum Urheberrecht, Entscheidungssammlung mit Anmerkungen, Ausland, Frankreich Nr. 7
Hoffmann, Willy	Das Urheberrecht des nachschaffenden Künstlers. GRUR 1927, S. 69 ff.

Die Wünsche der Romkonferenz als Wegweiser für die Entwicklung des Urheberrechts. Erster Teil. GRUR 1934, S. 699 ff.
Gedanken zum Urheberrecht am Tonfilm. JW 1936, S. 1501 ff.

Hubmann, Heinrich — Das Recht des schöpferischen Geistes. Berlin 1954
Der Schutz des ausübenden Künstlers nach geltendem Recht. Bd. 9 der Schriftenreihe der Internationalen Gesellschaft für Urheberrecht e.V. Berlin und Frankfurt a. M. 1959
Das Filmrecht des deutschen Regierungsentwurfs. Bd. 26 der Schriftenreihe der Internationalen Gesellschaft für Urheberrecht e. V. Berlin und Frankfurt a. M. 1962
Urheber- und Verlagsrecht. 2. Auflage, München und Berlin 1966

Iros, Ernst — Wesen und Dramaturgie des Films. Zürich 1938

Kesting, Marianne — Vermessung des Labyrinths. Studien zur modernen Ästhetik. Frankfurt a. M. 1965

Koch, Claus-Dietrich — Das Urheberrecht des Bühnenregisseurs. Diss. Rostock 1927

Kutscher, Arthur — Grundriß der Theaterwissenschaft. München 1947

Lilia, Elisabeth — Urheberrechte an der Regie. Diss. Berlin 1914

Lion, E. — Das Recht des wiedergebenden Künstlers. GRUR 1927, S. 296 ff.

Litten, Heinz Wolfgang — Die Änderung des Bühnenwerkes durch die Aufführung. Diss. Königsberg 1927

Lyon, Emil — Das Recht des Bühnenregisseurs. Diss. Breslau 1930

Mahnke, Fritz — Wesen und Aufgabe der Spielleitung. Diss. Jena 1931

Marwitz, Bruno — Die Erweiterung oder Beschränkung des Kreises der urheberrechtlich Geschützten. GRUR 1926, S. 573 ff.
Künstlerschutz. UFITA Bd. 3, 1930 S. 299 ff.

Marwitz-Möhring	Das Urheberrecht an Werken der Literatur und der Tonkunst in Deutschland. Kommentar zum Reichsgesetz vom 19. 6. 1901/22. 5. 1910 und den internationalen Verträgen Deutschlands. Berlin 1929
Melchinger, Siegfried	Versuch einer Grundlegung. Das Atlantisbuch des Theaters. Zürich, Freiburg i. Br. 1966, S. 13 ff.
Meyer-Stapelfeld, Hermann	Über den Schutz des ausübenden Künstlers nach geltendem Recht. Diss. Hamburg 1957
Möhring, Philipp	Die internationale Regelung des Rechts der ausübenden Künstler und anderer sogenannter Nachbarrechte. Zur Frage ihrer Notwendigkeit. Bd. 6 der Schriftenreihe der Internationalen Gesellschaft für Urheberrecht e.V. Berlin und Frankfurt a. M. 1958
Möhring-Nicolini	Urheberrechtsgesetz, Berlin und Frankfurt 1970
Nipperdey, Hans Carl	Der Leistungsschutz des ausübenden Künstlers. Bd. 10 der Schriftenreihe der Internationalen Gesellschaft für Urheberrecht e. V. Berlin und Frankfurt a. M. 1959
Nordemann, Wilhelm	Kann der Theaterregisseur Urheber sein? Film und Recht 1970, S. 73 ff.
Oehmke, Hellmut	Studien zum künstlerischen Urheberrecht. Diss. Greifswald 1920
Opet, Otto	Anmerkung zum Urteil des Reichsgerichts vom 16. Juni 1923. JW 1924, S. 1719
Ott, Gerhard	Das Urheberrecht des Theater- und Filmregisseurs. Diss. München 1956
Overath, Johannes	Urheber und Interpret in der Musik. Bd. 11 der Schriftenreihe der Internationalen Gesellschaft für Urheberrecht e.V. Berlin und Frankfurt a. M. 1959
Pfeiffer, Johannes	Wege zur Dichtung. Eine Einführung in die Kunst des Lesens. Hamburg 1952
Pfitzner, Hans	Werk und Wiedergabe. Augsburg 1929
Porstendorfer, Walter	Urheberrechte an Inszenierungen. Diss. Leipzig 1933

Riedel, H.	Urheber- und Verlagsrecht. Handkommentar des Urheberrechtsgesetzes und des Verlagsgesetzes mit Nebengesetzen. 3. Ergänzungslieferung 1968
Riezler, Erwin	Besprechung von: Koch, Das Urheberrecht des Bühnenregisseurs. UFITA Bd. 1, 1928, S. 340 ff.
Röber, Horst	Der Leistungsschutz des ausübenden Künstlers. Diss. Leipzig 1935
Runge, Kurt	Urheber- und Verlagsrecht. Bonn 1948 bis 1953
Samson, Benvenuto	Das neue Urheberrecht. Heft 32 der Schriftenreihe der UFITA, Baden-Baden 1966
Schramm, Carl	Grundlagenforschung auf dem Gebiete des gewerblichen Rechtsschutzes und Urheberrechts. Berlin, Köln 1954 Die schöpferische Leistung. Berlin, Köln 1957
Schreyer, Lothar	Vom Urheberrecht des Regisseurs. die Scene 1. Jahrg., 1912 S. 145 ff. Voraussetzungen für das Urheberrecht des Regisseurs. die Scene 2. Jahrg., 1913 S. 180 ff.
Schulze, Erich	Kommentar zum deutschen Urheberrecht unter Berücksichtigung des internationalen Rechts. Stand 1965
Schwarz, Helmut	Regie, Idee und Praxis moderner Theaterarbeit. Bremen 1965
Simmel, Georg	Zur Philosophie des Schauspielers. Logos Bd. 9, Tübingen 1921, S. 339 ff.
Smoschewer, Fritz	Zur Frage des Urheberschutzes des wiedergebenden Künstlers. GRUR 1927, S. 50 ff.
Stepun, Fedor	Theater und Film. München 1953
Sterz, Erika	Der Theaterwert der szenischen Bemerkung im deutschen Drama. Berlin 1963
Süß, Thedor	Das Recht des ausübenden Künstlers, der Schallplattenhersteller und des Rundfunks. Bd. 11 der Schriftenreihe der Internationalen Gesellschaft für Urheberrecht e.V. Berlin und Frankfurt a. M. 1959

Tairoff, Alexander	Das entfesselte Theater. Aufzeichnungen eines Regisseurs. Potsdam 1923
Telser, Lieselotte	Das Urheberrecht des Regisseurs. Diss. München 1948
Treitel, Richard	Gibt es ein Urheberrecht des Regisseurs? die Scene 1. Jahrg., 1912 S. 168 ff.
Troller, Alois	Jurisprudenz auf dem Holzwege. Bd. 13 der Schriftenreihe der Internationalen Gesellschaft für Urheberrecht e.V. Berlin und Frankfurt a. M. 1959 Immaterialgüterrecht, Bd. 1, 2. Auflage, Basel und Stuttgart 1968
Ulmer, Eugen	Kinematographie und Urheberrecht. GRUR Ausl. Int. 1953, S. 182 ff. Urheber- und Verlagsrecht. 2. Auflage, Berlin, Göttingen, Heidelberg 1960
Voigtländer-Elster-Kleine	Die Gesetze, betreffend das Urheberrecht an Werken der Literatur und der Tonkunst sowie an Werken der bildenden Kunst und der Photographie. 4. Auflage, Berlin 1952
Weimann, Ulrich	Die Fernsehsendung von Bühnenwerken nach geltendem Recht und de lege ferenda. Diss. Köln 1963
Werhahn, Jürgen	Zur Rechtsstellung des Filmregisseurs. UFITA Bd. 19, 1955 I S. 191 ff.
Williams, Tennessee	Camino Real. Ein Stück in sechzehn Stationen. Frankfurt a. M. 1954
Wipf, Rudolf	Die Stellung des Filmregisseurs im Urheberrecht. Diss. Zürich 1965

A Einleitung

A I Gegenstand der Untersuchung

Diese Arbeit sucht die Frage zu beantworten, ob der Theaterregisseur an seiner Inszenierung ein Urheberrecht erwirbt.

Diese Frage ist seit mehr als einem halben Jahrhundert streitig. Schon bald nach dem Inkrafttreten der Urheberrechtsgesetze von 1901[1] und 1907[2] fanden sich einzelne Befürworter eines Regisseururheberrechts, die teils dieses Urheberrecht schon nach geltendem Recht für gegeben erachteten[3], teils den urheberrechtlichen Schutz des Regisseurs in einer zukünftigen gesetzlichen Regelung forderten[4]. Diese Autoren vermochten sich jedoch gegenüber der ganz herrschenden Meinung im Schrifttum und in der Rechtsprechung, die bis heute ein Urheberrecht des Theaterregisseurs strikt ablehnt[5], nicht durchzusetzen. In jüngerer Zeit sind nunmehr erneut Stimmen laut geworden, die die Urheberrechtsfähigkeit der Inszenierung bejahen[6]. Die Aussicht, im Urheberrechtsgesetz vom 9. September 1965 neue Anhaltspunkte und Grundlagen zu finden, um die Gründe der einen oder anderen Meinung zu vertiefen und dadurch den Streit möglicherweise zu lösen, war der Anlaß, das Problem in einer weiteren Untersuchung zu durchdenken.

Das neue Urheberrechtsgesetz beseitigt nämlich jene mannigfaltigen Schwierigkeiten, die einer befriedigenden Lösung der Streitfrage bislang entgegenstanden.

Die Urheberrechtsgesetze von 1901 und 1907 gaben eine abschließende Aufzählung der geschützten Werke (§§ 1 LUG, 1—3 KUG), in

[1] Gesetz betreffend das Urheberrecht an Werken der Literatur und der Tonkunst vom 19. Juni 1901, RGBl. S. 227.

[2] Gesetz betreffend das Urheberrecht an Werken der bildenden Künste und der Photographie vom 9. Januar 1907, RGBl. S. 7.

[3] *Schreyer*, Scene 1. Jg. 1912, S. 145 ff.; 2. Jg. 1913, S. 180 ff.; *Freiesleben*, S. 112 ff.; *Koch*, S. 27.

[4] *Lilia*, S. 72; *Lyon*, S. 9 f., S. 19.

[5] Nachweise siehe unten S. 28 FN 105, 107; S. 28 FN 108-111; S. 29 FN 112, 113, 115.

[6] *Hirsch Ballin*, UFITA 1954, S. 318 ff.; ders., Anm. zu Schulze, Ausl. Frankr. Nr. 7, S. 11 ff., S. 16; *Troller*, Immaterialgüterrecht, S. 500 ff., Jurisprudenz auf dem Holzwege, S. 98.

der ein Werk „Inszenierung" nicht enthalten war. Da sich die Inszenierung auch in keine der aufgezählten Werkgattungen einordnen ließ, war dem Regisseur ein urheberrechtlicher Schutz durch diese Gesetze verwehrt. Den Befürwortern eines Regisseururheberrechts erschien dies wegen der geistigen Leistung, die der Regisseur erbringt und die sich in seiner Inszenierung offenbart, unbillig. Um den Regisseur zu schützen, hätte es aber einer Gesetzesänderung oder Rechtsfortbildung bedurft. Derartige tiefgreifende Veränderungen werden indessen nicht allein auf Grund von Billigkeitserwägungen vorgenommen, sondern es muß auch ein beachtliches praktisches Bedürfnis dafür bestehen. Daran fehlte es. Der Regisseur arbeitet im Gegensatz zu der Mehrzahl der Urheber fast ausnahmslos im Rahmen eines Vertragsverhältnisses, welches ihm den Lohn für seine Leistung sichert. Die Gefahr der Ausnutzung der Inszenierungsleistung durch unbefugte Dritte bestand damals nicht, denn eine Vervielfältigung und Verbreitung durch Film oder Fernsehen war technisch noch nicht möglich. Die genaue Nachahmung einer Inszenierung aber ist so gut wie ausgeschlossen[7].

Abgesehen davon standen Sinn und Systematik der Urheberrechtsgesetze einer Anerkennung der Inszenierung als eines schutzfähigen Werks entgegen. Die Schutzwirkung wurde nämlich in so starkem Maße an das äußere, materielle Erscheinungsbild schöpferischen Geistes geknüpft (vgl. § 1 Abs. 2 LUG), daß es bedenklich erschien, ein so wenig fixiertes und damals auch noch nicht fixierbares Gebilde wie die Inszenierung als urheberrechtliches Werk zu bezeichnen[8]. Zudem verhinderte die – sachlich unbegründete[9] – Spaltung in Literaturschutz und Kunstschutz die nahtlose Einfügung der vielschichtigen Erscheinung Inszenierung in den Katalog der geschützten Werke.

Später, als sich die Urheberrechtslehre von den starren Fesseln des Enumerationsprinzips zu befreien begann, war die Frage des Regisseururheberrechts bereits in dem umfassenderen und dringlicheren Problem des Leistungsschutzes für den ausübenden Künstler aufgegangen. Der Regisseur wurde von der weitreichenden Bestimmung des Sammelbegriffs „ausübender Künstler" miterfaßt. Daher lautete die Frage nicht mehr, ob dem Regisseur Urheberschutz oder keinerlei Schutz gebühre, sondern vielmehr, ob er Urheberschutz oder Lei-

---

[7] *Telser*, S. 66.
[8] vgl. *Gnekow*, S. 93.
[9] *Ulmer*, S. 1.

stungsschutz beanspruchen könne. Allerdings war das Leistungsschutzrecht, welches – in Anknüpfung an die Regelung des § 2 Abs. 2 LUG – durch Lehre und Rechtsprechung anerkannt und ausgebaut wurde, wissenschaftlich noch nicht geklärt[10]. Da außerdem das Urheberrecht in seiner Entwicklung über die Gesetze von 1901 und 1907 hinausgegangen war, bereitete es Schwierigkeiten, sichere Grenzen zwischen werkschaffender und ausübender Kunst zu finden[11]. Genau in diesem Grenzbereich aber spielt sich die künstlerische Arbeit des Regisseurs ab[12].

Das neue Urheberrechtsgesetz von 1965 trägt der Fortentwicklung auf dem Gebiete des Urheberrechts und der verwandten Rechte Rechnung; insbesondere regelt es in den §§ 73 bis 84 eingehend das Leistungsschutzrecht des ausübenden Künstlers. Es ist zu untersuchen, ob die mit dem Urheberrechtsgesetz von 1965 gegebene neue Rechtsgrundlage es ermöglicht, die Rechtsstellung des Theaterregisseurs eindeutig zu bestimmen.

Spätestens seit Inkrafttreten des Urheberrechtsgesetzes von 1965 ist es nicht mehr nur eine rechtspolitische Frage, ob der Regisseur Träger eines Urheberrechts ist oder sein kann. Seither handelt es sich vielmehr zunächst einmal um eine Frage der Gesetzesanwendung. Denn nachdem das Urheberrechtsgesetz von 1965 an die Stelle einer abschließenden Aufzählung der geschützten Werke eine allgemeine Definition des urheberrechtlichen Werkbegriffs (§ 2 Abs. 2 UrhG) gesetzt hat, ist die Inszenierung – unabhängig von einem Schutzbedürfnis oder einer Schutzwürdigkeit des Regisseurs de lege ferenda – auf ihre Werkeigenschaft de lege lata zu prüfen.

Eine solche Untersuchung ist wegen des unterschiedlichen Schutzumfanges von Urheber- und Leistungsschutzrecht geboten. Nur wenn der Regisseur Urheber ist,

a) steht ihm ein gesetzlicher Anspruch auf Namensnennung zu (§ 13 UrhG)[13];

b) sichert ihm § 25 UrhG unter den Voraussetzungen dieser Vorschrift den späteren Zutritt zum Theater;

---

[10] *Baum*, GRUR 1951, S. 372; *Meyer-Stapelfeld*, S. 12.

[11] *Hubmann*, Das Recht des schöpferischen Geistes, S. 38.

[12] *Hauffe*, S. 24; *Fromm*, S. 561.

[13] Amtl. Begründung bei *Haertel-Schiefler*, S. 330.

c) verhilft ihm § 36 UrhG bei einer unerwartet erfolgreichen Inszenierung zu einer angemessenen Beteiligung an den Erträgnissen;

d) verbleiben ihm, wenn er das Nutzungsrecht an der Inszenierung auf das Theater übertragen hat, im Zweifel sowohl das Recht der Einwilligung zur Veröffentlichung oder Verwertung einer Bearbeitung der Inszenierung (§ 37 Abs. 1 UrhG) als auch das Recht, die Inszenierung auf Bild- oder Tonträger zu übertragen (§ 37 Abs. 2 UrhG);

e) ist das Theater ihm gegenüber im Zweifel nicht berechtigt, die Wiedergabe der Inszenierung außerhalb der Vorstellung durch Bildschirm, Lautsprecher oder ähnliche technische Einrichtungen öffentlich wahrnehmbar zu machen (§ 37 Abs. 3 UrhG);

f) ist er nach § 40 UrhG geschützt. Diese Vorschrift ist gerade für den Regisseur bedeutsam, weil Regieverträge ganz überwiegend künftige Inszenierungen zum Gegenstand haben, die vielfach nicht einmal auf ein bestimmtes Stück konkretisiert sind;

g) hat er die Möglichkeit des Rückrufs (§§ 41, 42 UrhG). Das Rückrufsrecht wegen Nichtausübung (§ 41 UrhG) kommt bei einer Inszenierung der Natur der Sache nach praktisch nicht in Betracht. Dagegen ist es, besonders im Bereich des politisch engagierten Theaters, denkbar, daß ein Regisseur das Nutzungsrecht an seiner Inszenierung dem Theater gegenüber zurückrufen möchte, weil die Inszenierung seiner Überzeugung nicht mehr entspricht (§ 42 UrhG). Zwar reicht der Zeitraum, den eine Inszenierung normalerweise überdauert, kaum aus, um beim Regisseur einen Wandel der Überzeugung eintreten zu lassen. Es gibt aber nicht nur einzelne Theater, die ihre Inszenierungen über Jahre hinaus im Spielplan behalten[14], sondern bisweilen können auch außergewöhnliche politische Ereignisse einen plötzlichen Gesinnungswechsel begründen.

Die Untersuchung ist schließlich nützlich, weil sie ganz allgemein dazu beiträgt, die Grenzlinie zwischen Werk und Leistung klarer zu bestimmen.

[14] z. B. das Berliner Ensemble im Theater am Schiffbauerdamm in Ost-Berlin.

A II Regelung des Urheberrechtsgesetzes von 1965

Das Urheberrechtsgesetz von 1965 enthält keine ausdrückliche Regelung der Rechte des Regisseurs.

§ 2 Abs. 1 UrhG bietet eine beispielhafte Aufzählung geschützter Werke; in ihr wird die Inszenierung als Werk jedoch nicht erwähnt. In den §§ 73 bis 84 UrhG, dem Abschnitt, der sich mit dem Schutz des ausübenden Künstlers befaßt, wird der Regisseur nicht ausdrücklich als ausübender Künstler bezeichnet.

Nach § 73 UrhG ist ausübender Künstler, „wer ein Werk vorträgt oder aufführt oder bei dem Vortrag oder der Aufführung eines Werkes künstlerisch mitwirkt". § 73 stimmt mit der Definition des Art. 3 lit. a des Internationalen Abkommens über den Schutz der ausübenden Künstler, der Hersteller von Tonträgern und der Sendeunternehmen vom 26. Oktober 1961[15] (Rom-Abkommen) sachlich überein[16]. Danach sind ausübende Künstler „die Schauspieler, Sänger, Musiker, Tänzer und andere Personen, die Werke der Literatur oder der Kunst aufführen, singen, vortragen, vorlesen, spielen oder auf irgendeine andere Weise darbieten".

Obwohl auch die beispielsweise Aufzählung des Art. 3 des Rom-Abkommens den Regisseur nicht nennt, fällt er nach unbestrittener Ansicht unter den Begriff des ausübenden Künstlers im Sinne des § 73 UrhG bzw. des Art. 3 des Rom-Abkommens.[17]. Das Gesetz deutet dies ausdrücklich dadurch an, daß es in § 80 Abs. 1 den Regisseur erwähnt.

Da der Regisseur mithin grundsätzlich zu den ausübenden Künstlern zu zählen ist, hängt die Frage, ob er für seine Schaffenstätigkeit möglicherweise auch ein Urheberrecht beanspruchen kann, davon ab, ob die §§ 73 ff. UrhG die Rechte des betroffenen Personenkreises abschließend regeln. Im Gesetz findet sich weder eine ausdrückliche Bestimmung noch sonst ein Anhaltspunkt, der darauf hindeutet, daß dem ausübenden Künstler der Erwerb weitergehender Rechte versagt sein soll. Vielmehr sprechen eine Reihe von Gründen gegen eine solche Annahme.

---

[15] BGBl. 1965, S. 1244.

[16] *Samson*, S. 87.

[17] Amtl. Begründung bei *Haertel-Schiefler*, S. 317; *Fromm-Nordemann*, § 73 Anm. 1; *von Gamm*, § 73 Anm. 6.

Die Begriffe des ausübenden Künstlers und des Urhebers sind nicht so deutlich gegeneinander abgegrenzt, wie das eine abschließende Regelung der Rechte des ausübenden Künstlers voraussetzen würde.

Die Begriffsbestimmung des § 73 UrhG ist recht allgemein gehalten. Auch der Bühnenbildner, unter Umständen der Bühnenkomponist und der Choreograph, wirken künstlerisch an der Aufführung eines Werkes mit. Trotzdem sind sie deshalb nicht auf die Rechte eines ausübenden Künstlers beschränkt, sondern sie bleiben Urheber, sofern das Ergebnis ihrer Tätigkeit ein urheberrechtliches Werk im Sinne des § 2 UrhG darstellt.

Die unterschiedlichen Bezugspunkte, von denen das Gesetz ausgeht, um die Begriffe des Urhebers und des ausübenden Künstlers zu bestimmen, lassen es nicht zu, die Gruppen in der Weise zu trennen, daß die Zugehörigkeit zur Kategorie der ausübenden Künstler die Zugehörigkeit zum Kreis der Urheber ausschließt. Urheber ist der Schöpfer eines Werkes (§ 7 UrhG). Der Urheber wird also vom Ergebnis seiner Tätigkeit, dem Werk, her bestimmt. Der ausübende Künstler wird dagegen von seiner Tätigkeit, der Darbietung eines Werkes, her definiert. Urheber und ausübender Künstler stehen insoweit in einem Stufenverhältnis zueinander, weil die künstlerische Tätigkeit des Urhebers im Gegensatz zu der des ausübenden Künstlers noch durch ein Ergebnis, das Werk, qualifiziert sein muß. Wenn die künstlerische Tätigkeit des ausübenden Künstlers zusätzlich in diesem Sinne qualifiziert ist, ist auch er Urheber.

Darüberhinaus ist die gesetzliche Regelung des Leistungsschutzrechts ein Ergebnis der Bestrebungen, künstlerischer Geistestätigkeit in möglichst vielen ihrer Erscheinungsweisen den ihr gebührenden Schutz zuzuteilen. Urheberschutz und Leistungsschutz stehen daher auch in einem durch die Fortentwicklung des Urheberrechts bedingten Stufenverhältnis. Das Leistungsschutzrecht soll die Vielfalt jener künstlerischen Leistungen erfassen, die den Voraussetzungen des Urheberrechts nicht genügen. Dieser Ergänzungsfunktion des Leistungsschutzrechts widerspricht es, durch dieses Recht einen von den Voraussetzungen her gegebenen und in seinen Wirkungen weitergehenden Urheberrechtsschutz einzuschränken.

Diese Auffassung befindet sich schließlich auch im Einklang mit Art. 1 des Rom-Abkommens, der lautet:

> „Der durch dieses Abkommen vorgesehene Schutz läßt den Schutz der Urheberrechte an Werken der Literatur und der Kunst unberührt

und beeinträchtigt ihn in keiner Weise. Daher kann keine Bestimmung dieses Abkommens in einer Weise ausgelegt werden, die diesem Schutz Abbruch tut."

Die Tatsache, daß die Begriffsbestimmung des § 73 UrhG auch den Regisseur erfaßt, bedeutet mithin nur, daß der Regisseur in jedem Fall den Schutz des ausübenden Künstlers genießt. Die Frage, ob er darüberhinaus ein Urheberrecht erwirbt, bleibt hiervon unberührt.

A III Gang der Untersuchung

Da der Regisseur in jedem Fall den Schutz des ausübenden Künstlers genießt, braucht bei der Bestimmung seiner Rechtsstellung nur noch geprüft zu werden, ob er im Einzelfall auch die Rechte eines Urhebers erwerben kann.

Ein Urheberrecht erwirbt der Schöpfer eines Werkes (§ 7 UrhG). Der Begriff des Urhebers ist also abhängig vom Begriff des Werkes[18]. Es ist daher zuerst das Werk, das Objekt des Urheberrechtsschutzes, zu bestimmen, bevor das Subjekt des Schutzes, der Schöpfer des Werkes, bezeichnet werden kann.

Damit ist der Gang der Untersuchung vorgezeichnet:

Es muß zunächst der Begriff der Inszenierung, die auf ihre Werkeigenschaft untersucht werden soll, abgegrenzt werden.

Es ist sodann darzulegen, was unter einem Werk im Sinne des Urheberrechts zu verstehen ist.

Danach muß geprüft werden, ob die Inszenierung die Merkmale des urheberrechtlichen Werkes aufweist.

Ergibt diese Prüfung, daß ein Werk im Sinne des Urheberrechts vorliegt, kann abschließend die Frage nach dem Urheber dieses Werkes gestellt werden.

---

[18] *Bussmann-Pietzcker-Kleine*, S. 335.

B Begriffe

B I Die Inszenierung

B I 1 *Abgrenzung des Inszenierungsbegriffs im urheberrechtlichen Schrifttum*

Die Auffassungen darüber, welches Ergebnis welcher Tätigkeiten bei der Inszenierung auf seine Werkeigenschaft zu prüfen ist, gehen im urheberrechtlichen Schrifttum, das sich mit dem Regisseururheberrecht befaßt, auseinander. Sie lassen sich in zunächst zwei Gruppen teilen:

Eine Auffassung macht die Regie im „engeren" Sinne zum Ausgangspunkt ihrer Untersuchung[19]. Regie im „engeren" oder „eigentlichen" Sinne ist nach dieser Ansicht der Tätigkeitsbereich des Regisseurs, der sich auf die Schauspielerführung beschränkt. *Ott*[20] spricht von der „Schauspielerführung zur Vermittlung zywischen abstraktem Wort und konkreter Gebärde". *Telser*[21] nennt diesen Teil der Regisseurtätigkeit „elementare Regie", worunter sie die Regie mit den Elementen Drama und Schauspielkunst[22] versteht. Nach *Ellinger*[23] bedeutet Regie die Zusammenfassung der „Summe der bei der Aufführung eines Bühnenwerkes sich verwirklichenden Einzeldarstellungen unter einen richtunggebenden Willen".

Nach Ansicht dieser Autoren gehören die Aufgaben des Regisseurs, die sich mit der Dramaturgie[24], dem Bühnenbild[25], den Kostümen, der Beleuchtung usw. befassen, nicht zur Regie.

Eine andere Auffassung geht von einem umfassenden Regie- bzw. Inszenierungsbegriff aus. *Lilia*[26] bezeichnet die Regie als „die bühnenmäßige Inszenierung des Stückes, die sich nicht nur auf die sinnlich wahrnehmbare Einrichtung und Ausgestaltung des äußeren Bühnen-

---

[19] *Ellinger*, S. 55; *Telser*, S. 20; *Ott*, S. 22.
[20] S. 20.
[21] S. 24.
[22] S. 10.
[23] S. 17, 55.
[24] *Ellinger*, S. 56 f.; *Telser*, S. 37; *Ott*, S. 31.
[25] *Ellinger*, S. 56, 58; *Telser*, S. 20.
[26] S. 10 f.

rahmens bezieht, sondern auch die lebendige Gestaltung des gesamten Bühnenbildes zur Aufgabe hat". *Freiesleben*[27] versteht unter der „Regiekunst" „die gesamte geistige Schaffenstätigkeit, die ein Bühnenleiter entwickelt, um ein bei Beginn dieser Tätigkeit nur im Buch oder Partitur vor ihm liegendes Bühnenwerk zur körperlichen Erscheinung im Rahmen einer bühnenmäßigen Aufführung zu bringen"[28]. Die Autoren, die diese Auffassung vertreten, sind sich jedoch wiederum nicht einig darüber, in welcher Weise das Ergebnis dieser „allumfassenden"[29] Regietätigkeit auf die Voraussetzungen des Werkbegriffs hin zu prüfen ist.

Lilia und, ihr folgend, *Oehmke* erachten es für notwendig, zwischen Text- und Rahmenregie zu unterscheiden und diese getrennt auf ihre Urheberrechtsfähigkeit zu untersuchen[30]. Die Textregie erstrecke sich auf das rein Sprachliche einer Aufführung (Text, Auffassung der Rolle, Tonfall, Lautstärke)[31], die Rahmenregie dagegen befasse sich mit der Gestaltung des sichtbaren Teils einer Aufführung (Bühnenbild, Beleuchtung, Bewegung, Gebärdenspiel)[32].

Porstendorfer will ebenfalls die Inszenierung nicht als Ganzes auf ihre Werkeigenschaft prüfen. Seines Erachtens ist die Inszenierung „eine Nebeneinanderstellung einzelner Leistungen"[33]. Er kommt daher vom Gang der Inszenierungstätigkeit her zu einer Dreiteilung: Regie am Schreibtisch, Ausstattungsregie und dramatische Regie[34]. Regie am Schreibtisch bedeute die dramaturgische Bearbeitung[35]. In den Bereich Ausstattungsregie fielen Bühnenbild, Kostüme, Masken und Beleuchtung, wobei nicht die Ausstattungsregie als solche, sondern die einzelnen Teilbereiche auf ihre Urheberrechtsfähigkeit zu untersuchen seien[36]. Die dramatische Regie bilde die Zusammenarbeit des Regis-

---

[27] GRUR 1916, S. 112.

[28] der Sache nach ebenso: *Schreyer*, Scene 1. Jg., 1912, S. 146; 2. Jg., 1913, S. 180; *Oehmke*, S. 29; *Hoffmann*, GRUR 1927, S. 70; GRUR 1934, S. 705 f.; *Koch*, S. 21; *Dienstag-Elster*, S. 74, 77, 79, 81; *Porstendorfer*, S. 28 f.; *Gnekow*, S. 15 ff., S. 79; *Voigtländer-Elster-Kleine*, S. 25.

[29] *Lilia*, S. 11.

[30] *Lilia*, S. 14; *Oehmke*, S. 29; zust. *Riezler*, UFITA 1928, S. 341.

[31] *Lilia*, S. 15; *Oehmke*, S. 39.

[32] *Lilia*, S. 15; *Oehmke*, S. 31; vgl. auch *Dienstag-Elster*, S. 77.

[33] S. 29.

[34] S. 32.

[35] S. 32.

[36] S. 37 ff.

seurs mit den Schauspielern, d. h. die Einstudierung von Gebärdenspiel, Bewegung, Sprachtechnik und Tongebung[37].

Schreyer[38], *Freiesleben*[39], *Koch*[40] und *Gnekow*[41] schließlich sehen in der Inszenierung als der Summe aller Tätigkeiten des Regisseurs, die erforderlich sind, um das Bühnenwerk zur Aufführung zu bringen, eine einheitliche Gesamterscheinung[42].

B I 2 *Eigene Bestimmung des Inszenierungsbegriffs*

Im folgenden soll der Gegenstand dessen, was auf seine Werkeigenschaft geprüft werden soll, der bislang – entsprechend der unterschiedlichen Benennungen in der Literatur – Regie, Regietätigkeit, Regiekunstwerk, Inszenierung genannt wurde, einheitlich als Inszenierung bezeichnet werden.

Der Begriff Inszenierung ist mehrdeutig. Einmal wird darunter die für die Gestaltung einer Aufführung notwendige Tätigkeit, das In-Szene-Setzen, verstanden. Zum anderen kennzeichnet der Begriff aber auch das Ergebnis dieser gestaltenden Tätigkeit. Da es sich bei dem Schutzobjekt des Urheberrechts, dem Werk, nicht um eine Tätigkeit, sondern um ein durch Tätigkeit entstandenes Gebilde handelt, wird der Begriff Inszenierung nur im letzteren Sinne als Ergebnis der Inszenierungstätigkeit verstanden.

Da ferner nicht die Tätigkeit des Urhebers den Begriff des Werkes, sondern das Werk den des Urhebers bestimmt, darf der Inszenierungsbegriff nicht von der Tätigkeit des Regisseurs her abgegrenzt werden. Das würde nicht nur die Systematik des Gesetzes umkehren, sondern hätte zudem den Nachteil, daß der Inszenierungsbegriff nicht feststünde und unveränderlich wäre, weil die Tätigkeit des Regisseurs im Einzelfall unterschiedlich umfangreich ist. Auch einen vom besonderen Fall unabhängigen im Regelfall geltenden Aufgabenbereich des Regisseurs gibt es nicht. Der Aufgabenbereich eines Regisseurs ist nämlich nicht nur von seiner Begabung und Veranlagung, sondern

---

[37] Ebenso *Hoffmann*, GRUR 1934, S. 705 f.
[38] Scene, 2. Jg. 1913, S. 180.
[39] GRUR 1916, S. 112.
[40] S. 22 f.
[41] S. 79.
[42] vgl. auch *Dienstag-Elster*, S. 77.

auch von der Art des aufzuführenden Stückes und den Voraussetzungen und Mitteln des jeweiligen Theaters abhängig[43]. Die Tätigkeit des Regisseurs ist ein subjektiver Faktor des Gegenstandes Inszenierung. Daher ist sie nicht geeignet, eine objektive Abgrenzung des Begriffs zu bewirken. Aus den vorstehenden Gründen ist die Auffassung jener Autoren[44], die in der Inszenierung die Summe aller Tätigkeiten des Regisseurs sehen, für die hier vorzunehmende rechtliche Prüfung abzulehnen.

Die Auffassung, die den engen Regiebegriff zugrundelegt, ist nicht nur deshalb abzulehnen, weil sie diesen Begriff ebenfalls von der Tätigkeit des Regisseurs her bestimmt, sondern auch, weil die Einschränkung des Regiebegriffs auf die Schauspielerführung ungerechtfertigt ist. Die Tatsache, daß die Schauspielerführung den unerläßlichen Kern der Tätigkeit eines Regisseurs darstellt, rechtfertigt es nicht, die anderen Aufgaben, die sich bei der Gestaltung einer Aufführung stellen, wie z. B. dramaturgische Bearbeitung, Kreationen von Bühnenbild, Beleuchtung und Kostümen, aus dem Regiebegriff auszuklammern. Denn auch sofern einzelne selbständige Arbeiten innerhalb der Inszenierungstätigkeit anderen Personen zur Ausführung überwiesen werden, unterstehen sie dem Einfluß- und Verantwortungsbereich des Regisseurs. Das folgt aus der doppelten Zielsetzung, die diesen Arbeiten eigen ist. Das Bühnenbild etwa muß in sich nach den Regeln und Gesetzen bühnenbildnerischer Kunst gestaltet werden. Das ist die Aufgabe des Bühnenbildners. Das Bühnenbild ist außerdem aber auch Bestandteil der Inszenierung. Es muß also auch im Hinblick auf die ganze Inszenierung gestaltet werden, um sich in diese einfügen zu können. Dafür zu sorgen ist die Aufgabe des Regisseurs[45]. Aus der Gesamtverantwortung des Regisseurs kann nicht die für ihn unverzichtbare Tätigkeit der Schauspielerführung herausgelöst werden, um von ihr aus im Rückschluß die Regie zu definieren.

Inhalt und Umfang der Inszenierungsarbeit und damit die Abgrenzung des Inszenierungsbegriffs folgen allein aus dem Zweck der Inszenierung, ein schriftliches Bühnenwerk in einer Aufführung zu versinnlichen. Nur eine solche Abgrenzung des Begriffs ist unabhängig von der Leistung des Regisseurs im Einzelfall, weil sie nicht durch dessen Tätigkeit, sondern durch die Funktion der Inszenierung als notwendi-

---

[43] *Dienstag-Elster*, S. 73; *Ellinger*, S. 55.
[44] siehe oben S. 10, FN 38—42.
[45] *Mahnke*, S. 72 f.

ges verbindendes Glied zwischen dem schriftlichen Bühnenwerk und der lebendigen Aufführung bestimmt wird. Die Aufgabe der Inszenierung bildet gleichsam einen Rahmen, der durch die Tätigkeit des Regisseurs und seiner Mitarbeiter ausgefüllt wird. Ob dieser Rahmen im Einzelfall in urheberrechtlich bedeutsamer Weise ausgefüllt worden ist, ist eine Frage der Würdigung der besonderen Inszenierung. Zunächst aber gilt es festzustellen, ob innerhalb dieses Rahmens überhaupt eine urheberrechtlich bedeutsame Tätigkeit entfaltet werden kann.

Die Begrenzung dieses Rahmens wird durch das vorgegebene Bühnenwerk und die fertige Aufführung gebildet, denn innerhalb dieser Grenzen geschieht alles im Hinblick auf die Gestaltung der Aufführung, und nichts ist denkbar, was nicht dieser Gestaltung zu dienen bestimmt ist. Dazu gehören also auch die dramaturgische Bearbeitung und die Schaffung des Bühnenbildes[46].

Das in dieser Weise begrenzte Gebilde Inszenierung bedarf für seine urheberrechtliche Beurteilung keiner Unterteilung in einzelne Teilgebilde. Zwar ist eine Trennung in Text- und Rahmenregie, wie sie *Lilia*[47] und *Oehmke*[48] vornehmen, in zweifacher Hinsicht sinnvoll. Sie zeigt einmal, daß sich eine Aufführung in zwei Ausdrucksebenen bewegt, in der Ebene des hörbaren Wortes und in der Ebene der Bewegung, des Lichts und der Farbe. Zum anderen ist die Hörbarmachung des Wortes die unmittelbare Versinnlichung des Bühnenwerkes, während Bewegung, Licht und Farbe, die durch die Sprache nicht ausgedrückt, sondern allenfalls beschrieben werden können, nur mittelbar aus dem Bühnenwerk folgen. Für die Übernahme dieser Teilung in die urheberrechtliche Betrachtung der Erscheinung Inszenierung aber ist kein anderer Grund ersichtlich als die ihrerseits unbegründete[49] Spaltung des damaligen Urheberrechts in Literatur- und Kunstschutz. Im Hinblick auf die fertige Aufführung als Ergebnis der Inszenierungstätigkeit ist die Trennung auch nicht streng durchzuführen, weil Wort und Gebärde einander derart bedingen, daß sie nicht auseinandergerissen und gesondert betrachtet werden können[50].

Die Zergliederung der Inszenierung in eine Vielzahl von Einzelleistungen hätte nur dann ihre Berechtigung, wenn die Inszenierung tat-

---

[46] *Hagemann*, S. 49; *Mahnke*, S. 64 f., 72 f.
[47] siehe oben S. 9.
[48] siehe oben S. 9.
[49] *Ulmer*, S. 1.
[50] *Koch*, S. 21; *Porstendorfer*, S. 31.

sächlich lediglich „eine Nebeneinanderstellung einzelner Leistungen" wäre[51]. Aber gerade die Zusammenfassung dieser Leistungen zu einer einheitlichen geschlossenen Aufführung erfordert eine Regie. *Porstendorfer* widerspricht sich selbst, wenn er schreibt[52]: „Durch eine einheitliche Leistung ist alles in weitgehende Harmonie zueinander gebracht und steigert sich gegenseitig in der Wirkung, ist von einer einzigen künstlerischen Auffassung beherrscht ..."

Nach allem ist die Inszenierung der zusammenfassende Begriff für jene zusätzlichen Bestandteile, die die Aufführung gegenüber dem schriftlichen Bühnenwerk enthält; sie ist zugleich das Mittel für die Darstellung des Bühnenwerkes in einer Aufführung und daher schließlich auch die Summe aller Tätigkeiten, die notwendig sind, das Bühnenwerk zu einer Aufführung zu gestalten. Das letztere widerspricht nicht der geforderten Unabhängigkeit der Abgrenzung des Begriffs von der Tätigkeit des Regisseurs; denn es wird nicht auf die Tätigkeit der begrifflich nicht festzulegenden Kategorie „Regisseur" Bezug genommen, sondern es ist die gesamte erforderliche Tätigkeit als notwendiger werkbildender Faktor gemeint.

B II Das urheberrechtliche Werk

Um feststellen zu können, ob der in dieser Weise definierte Gegenstand „Inszenierung" ein Werk im Sinne des Urheberrechtsgesetzes ist, muß der Begriff des urheberrechtlichen Werkes dargelegt werden.

Das Urheberrechtsgesetz schützt die Urheber von Werken der Literatur, Wissenschaft und Kunst (§ 1 UrhG). Die Begriffe „Literatur", „Wissenschaft" und „Kunst" grenzen den Schutzbereich des Gesetzes gegenüber dem verwandten gewerblichen Rechtsschutz ab. Einzelheiten dieser Abgrenzung brauchen in dieser Untersuchung nicht behandelt zu werden, da die Inszenierung eindeutig dem literarisch-künstlerischen Bereich zugehört.

Die Inszenierung wird weder in der beispielhaften Aufzählung verschiedener Werkgattungen des § 2 Abs. 1 UrhG genannt, noch läßt sie sich unter eine dieser Werkgattungen einordnen. Sie ist daher anhand der allgemeinen Definition des urheberrechtlichen Werkes (§ 2 Abs. 2

---

[51] *Porstendorfer*, S. 29.
[52] *Porstendorfer*, S. 28.

UrhG) auf ihre Werkeigenschaft zu prüfen. Nach § 2 Abs. 2 UrhG sind Werke im Sinne des Urheberrechtsgesetzes nur persönliche geistige Schöpfungen.

B II 1 *Gesetzliche Definition des Werkes*

Wegen der Notwendigkeit, für die verschiedenartigen Werkgattungen einen gemeinsamen Oberbegriff zu finden, ist diese Definition so abstrakt ausgefallen, daß sie aus sich selbst heraus nicht mehr verständlich ist und einer Erläuterung bedarf, damit eine Verwässerung des Urheberrechts vermieden wird[53]. Das Urheberrechtsgesetz erläutert den allgemeinen Begriff des Werkes durch die beispielhafte Aufzählung einzelner Werkgattungen in § 2 Abs. 1 UrhG. Es verfährt dabei in gleicher Weise wie die Revidierte Berner Übereinkunft zum Schutze von Werken der Literatur und Kunst[54] (Art. 2 Abs. 1). Die Methode, den allgemeinen Werkbegriff durch Beispiele zu erläutern, ist für den praktischen Gebrauch vorteilhaft, sie versagt aber, wenn ein in der beispielhaften Aufzählung nicht genannter Gegenstand auf seine Werkeigenschaft geprüft werden soll. Zu diesem Zweck muß aus dem allgemeinen Merkmal der persönlichen geistigen Schöpfung und aus der Gesamtheit der beispielhaft aufgeführten Werke (§ 2 Abs. 1 UrhG) eine Mehrzahl von Einzelvoraussetzungen gewonnen werden, die es, einem Gitternetz vergleichbar, erlauben, den zu prüfenden Sachverhalt Merkmal für Merkmal auf das Vorliegen der Werkeigenschaft zu untersuchen.

Die Ansichten darüber, in welcher Weise der Werkbegriff zu gliedern und erläuternd zu beschreiben ist, gehen im urheberrechtlichen Schrifttum auseinander. Zur Kennzeichnung einzelner Merkmale werden eine Vielzahl von Begriffen[55] und Begriffsgruppen[56] verwendet, deren systematischer Bezug zum Gegenstand „Werk" und zueinander jedoch häufig nicht oder nicht deutlich dargelegt wird. Hinzukommt, daß einzelne Begriffe nicht in einer einheitlichen Bedeutung verstanden werden[57].

---

[53] *Ulmer*, S. 113.
[54] BGBl. 1956 II, S. 832.
[55] siehe die Erläuterung der einzelnen Begriffe bei *Schramm*, Die schöpferische Leistung, S. 97 ff.
[56] siehe die Zusammenstellung bei *Schramm*, a.a.O., S. 106.
[57] vgl. z. B. unten S. 19 FN 74.

Eine Auseinandersetzung mit den verschiedenen Auffassungen ist jedoch deshalb nicht geboten, weil es sich im Grunde um einen Streit um Worte handelt.

Im folgenden wird angestrebt, den Begriff des Werkes zu erläutern, indem weitgehend die im Gesetz und im Schrifttum verwendeten unterschiedlichen Begriffsmerkmale berücksichtigt werden. Die verschiedenen Merkmale werden nicht systemlos nebeneinandergestellt, sondern es wird versucht, sie bestimmten Bezugspunkten zuzuordnen. Dabei zeigt sich, daß die Definitionen des Werkbegriffs im Schrifttum im wesentlichen lediglich deshalb voneinander abweichen, weil sie den komplexen Gegenstand des urheberrechtlichen Werkes von verschiedenen Blickwinkeln aus beschreiben.

B II 2 *Bestandteile und Merkmale des Werkes*

Das Werk schlechthin ist ein durch Tätigkeit entstandenes Gebilde. Für die Abgrenzung des urheberrechtlich bedeutsamen Werkes innerhalb dieses umfassenden Werkbegriffs bieten sich zwei Anknüpfungspunkte: Die werkschaffende Tätigkeit und das fertige Werk. Daher kann das urheberrechtliche Werk auf zweierlei Weise gekennzeichnet werden.

Die eine Möglichkeit geht von der allen in § 2 Abs. 1 UrhG genannten Werken gemeinsamen Substanz eines Werkes aus. Sie zeigt die notwendigen verschiedenen Schichten eines Werkes auf und grenzt es vom schutzlosen Gebilde durch Qualitätsmerkmale ab.

Danach besteht das urheberrechtliche Werk aus zwei Schichten, einer geistigen und einer materiellen Schicht[58].

Die materielle Schicht ist das notwendige Fundament des Werkes. Das Geistige an sich ist nicht unmittelbar mitteilungsfähig. Die Sinne des Menschen sind nur in der Lage, die reale Umwelt wahrzunehmen, wie sie sich in Raum, Fläche, Farbe, Bewegung, Schall usw. darstellt. Mit dieser Materie im weitesten Sinne muß das Geistige verknüpft werden, um von anderen Menschen wahrgenommen werden zu können[59].

Die geistige, unkörperliche Schicht bildet das Wesentliche des urheberrechtlichen Werkes. Sie hebt das urheberrechtliche Werk von den

---

[58] *Hubmann*, Das Recht des schöpferischen Geistes, S. 80.

[59] *Hartmann*, S. 13 f.; *Schramm*, a.a.O., S. 58.

handwerklichen und technischen Werken ab und ist die Grundlage des Merkmals „geistig" in der gesetzlichen Definition.

„Geistig" ist der umschreibende Begriff für etwas, was seinen Ursprung ausschließlich im Innern eines Menschen, in seiner Vernunft und in seiner Phantasie hat, und was ein anderer Mensch wiederum nur in seinem Innern mit Hilfe der Vernunft und der Phantasie erkennen und nachvollziehen kann.

Diese geistige Schicht gliedert sich ihrerseits in zwei Schichten, die Schicht des Gemeinguts und die des Individualguts[60].

Unter dem Gemeingut sind alle jene Stoffe und Gegenstände zu verstehen, die dem Urheber eines Werkes durch die Natur, die Geschichte oder durch die literarische und künstlerische Überlieferung vorgegeben sind[61]. Es sind insbesondere die Ideen, abstrakten Begriffe und Begriffskombinationen, die, von der Menschheit vorausgedacht und von Generation zu Generation überliefert, den „Gemeingeist der Kultur"[62] bilden, der in der Philosophie im Anschluß an *Hegel* der objektive Geist genannt wird. Auf diesem Geistesgut, das vom Bewußtsein des einzelnen getragen wird, baut das geistige Schaffen jedes Menschen auf[63].

Als Individualgut wird dasjenige bezeichnet, was der einzelne Mensch dem Gemeingut aus seinem individuellen Wesen hinzufügt. Der menschliche Geist setzt sich nämlich mit den Inhalten und Anregungen, die er aus den Quellen der realen Umwelt und des allgemeinen Geistesgutes entnimmt, auseinander, indem er sie seinem eigenen Wesen gegenüberstellt. Dabei bilden sich eigene Vorstellungen, Stimmungen und Erlebnisse, die durch Vernunft und Phantasie neue Einfälle erzeugen, neue Formen und Gestalten hervorbringen. Dadurch verbindet der menschliche Geist das Gemeingut mit seinen eigenen Gedanken und Bildern zu einer neuen Einheit.

Die Schicht des Individualguts verschafft dem urheberrechtlichen Werk jene Qualität, die es vom schutzlosen Gebilde trennt und die durch die Merkmale „individuell, persönlich" und „eigentümlich, originell" gekennzeichnet wird[64]. Der Ausdruck „individuell" betrachtet das Werk vom Menschen her. Die Individualität ist dasjenige, was die Menschen

---

[60] *Hubmann*, a.a.O., S. 48; *Schramm*, a.a.O., S. 17.
[61] *Ulmer*, S. 105.
[62] *Hubmann*, a.a.O., S. 23.
[63] *Hartmann*, S. 259; *Schramm*, a.a.O., S. 41.
[64] *Schramm*, a.a.O., S. 98, 106; *Bussmann-Pietzcker-Kleine*, S. 335.

voneinander unterscheidet. Dieses Besondere des einzelnen Menschen spiegelt sich in seinem Werk wieder, prägt dem Werk die individuellen Züge auf[65]. „Individuell" bezeichnet also die Zugehörigkeit des Werkes zu seinem Schöpfer. „Eigentümlich" dagegen stellt objektiv auf die Art des Werkes ab und wertet es im Vergleich zu anderen Werken als andersartig[66].

Die Kennzeichnung des Werkes vom Ergebnis der werkschaffenden Tätigkeit her reicht zur Abgrenzung schutzfähiger Werke von schutzlosen „Werken" innerhalb anerkannter Werkgattungen aus. Mit Hilfe der Merkmale „individuell" oder „eigentümlich" kann das urheberrechtlich bedeutsame Schriftwerk vom urheberrechtlich bedeutungslosen Schrifterzeugnis, die Nachahmung vom Original unterschieden werden.

Die andere Möglichkeit, das urheberrechtliche Werk abzugrenzen, zerlegt das Werk, ausgehend vom Entstehungsvorgang, in seine Bauelemente und beschreibt die diese Elemente verbindende Tätigkeit. Diese Möglichkeit soll im folgenden nicht nur deshalb erläutert werden, weil sich auch die gesetzliche Definition des Werkes (§ 2 Abs. 2 UrhG) mit dem Begriff „Schöpfung" auf den Entstehungsvorgang bezieht, sondern weil diese Erläuterung abstrakt erklärt, worin sich die Individualität eines Werkes ausdrückt und wie sie zustande kommt. Denn das zeigt die im vorigen Abschnitt beschriebene Kennzeichnung des Werkes nicht. Diese Abgrenzung des Werkbegriffs beruht vielmehr auf der Möglichkeit, den auf seine Urheberrechtsfähigkeit zu prüfenden Gegenstand mit dem Gemeingut zu vergleichen. Im Bereich der anerkannten Werkgattungen bereitet ein solcher Vergleich keine Schwierigkeiten, weil er allein im Rahmen der betreffenden Werkgattung vollzogen wird. So besteht z. B. bei den Schriftwerken das Gemeingut im wesentlichen in den vorhandenen Schriftwerken. Steht nun die Schutzfähigkeit eines „Schriftwerkes" in Frage, so braucht es nur mit den vorhandenen Schriftwerken verglichen zu werden. Die einzelnen Vergleichspunkte – z. B. Inhalt, Kunstform (Prosa, Verse), Stil, Satzbau, Ausdrucksweise, Wortwahl, Rhythmus der Sprache, Lautfolge – ergeben sich dabei ohne weiteres aus der Eigenart eines Schriftwerkes. Weicht das fragliche Schrifterzeugnis von den bekannten Schriftwerken ab, so ist es ihnen gegenüber andersartig, eigentümlich.

---

[65] *Schramm*, a.a.O., S. 98.

[66] *Schramm*, a.a.O., S. 100.

Anders verhält es sich bei einem Gegenstand wie der Inszenierung, der keiner der in § 2 Abs. 1 UrhG beispielsweise aufgeführten Werkgattungen zugeordnet werden kann. Der Vergleich mit anderen Inszenierungen ist für die Frage der Urheberrechtsfähigkeit der Inszenierung als solcher irrelevant. Zwar kann ein solcher Vergleich ergeben, daß die eine Inszenierung von anderen Inszenierungen des gleichen Stückes abweicht. Solange jedoch nicht feststeht, ob eine Inszenierung überhaupt ein Werk im Sinne des Urheberrechts ist oder doch sein kann, hilft dieses Ergebnis eines Vergleichs nicht weiter. Daher ist es erforderlich, weitere Merkmale des urheberrechtlichen Werkes zu beschreiben, um eine sichere Grundlage für die Abgrenzung zu schaffen.

Allen genannten künstlerischen Werken sind drei Elemente gemeinsam: eine Idee, eine Form und ein Ausdrucksmittel[67].

Der Begriff Idee als Bezeichnung eines Werkelements ist verschieden von dem philosophischen Ideenbegriff. Ideen im philosophischen Sinne gehören nicht von vornherein zur menschlichen Bewußtseinssphäre, sondern sie bilden eine außerhalb des Menschen bestehende Welt von geistigen Gegenständen[68]. Diese Ideen gehören zu dem allgemeinen Geistesgut und gehen dadurch in das urheberrechtliche Werk ein.

Die Idee im Sinne eines Werkelements dagegen bezeichnet bestimmte Bewußtseinsinhalte des Werkschöpfers[69]. Es sind nicht Inhalte, die der Mensch seiner Umwelt und dem allgemeinen Geistesgut entnimmt und mit Hilfe des Gedächtnisses aufbewahrt. Diese Inhalte sind vielmehr nur Grundlage und Anregung seiner Ideen. Denn der Mensch beschränkt sich nicht darauf, Eindrücke in sich aufzunehmen und zu bewahren, sondern seine Phantasie und seine Vernunft zwingen ihn, sich mit dem, was er von außen empfängt, auseinanderzusetzen. In gegenseitiger Wechselwirkung entfaltet und bereichert sich sein individuelles Wesen an diesen Eindrücken, die sich ihrerseits unter dem Einfluß der wesenseigenen Stimmungen und Gefühle zu neuen Bildern, Vorstellungen und Gedanken verbinden und fortentwickeln. Aus dem Zusammenstoß und dem Zusammenfluß von Eindrücken, die von außen kommen, mit den Regungen und Kräften des individuellen Wesens entsteht also eine neue innere Schau, entstehen die Ideen des Menschen.

---

[67] *Voigtländer-Elster-Kleine*, S. 6.
[68] *Hubmann*, a.a.O., S. 19.
[69] *Hubmann*, a.a.O., S. 20.

Diese innere „ideale" Welt des Einzelnen ist anderen Menschen verschlossen. Zugang zu ihr ist nur möglich, wenn und soweit sie sinnlich wahrnehmbar gemacht wird. Unmittelbar läßt sich die ideale Welt nicht in die reale Welt kehren, denn die Idee ist geistig und daher nur in Verbindung mit Materie[70] im weitesten Sinne mitteilungsfähig. Die Idee kann indessen nicht ohne weiteres mit der Materie verbunden werden. Materie, die einer Idee zum Ausdruck verhelfen soll, bedarf einer Form. Die Idee muß daher in einer Form dargestellt werden. Diese muß mit der Materie, in welcher sie geäußert werden soll, vereinbar sein, denn die einzelne Materie ist nur bestimmten Formen zugänglich, d. h. die Form, in der sich eine Idee offenbart, ist abhängig von der Materie[71].

Bei manchen Künsten nun reicht die Verknüpfung von Form und Materie allein nicht aus, um eine Idee zu äußern. Das wird dort deutlich, wo es sich um die Darstellung von Inhalten handelt, die auch außerhalb der Welt der Kunst bestehen oder bestehen können, z. B. die Darstellung von menschlichen Konflikten und Schicksalen. Diese Inhalte sind an sich keine künstlerischen, erst die Formung durch den Dichter macht sie dazu. Sie geben das Thema, den Stoff, in welchem der Dichter seine Idee darstellt[72]. Das bedeutet, die Idee bedarf der zweifachen Formung: der Formung im Stoff und in der Materie. Stoff und Materie sind als Träger der Form notwendige Rohstoffe. Der geformte Stoff stellt den Inhalt des Werkes dar[73]. Deshalb ist der Inhalt kein selbständiges Werkelement zwischen Idee und Form, sondern er ist ein Teil der Form[74]. Die Form des Stoffes bildet den Inhalt, die Form der Materie die Begrenzung und Erscheinung. Die Idee dagegen bleibt hinter und außer der Form bestehen. Die Form ist nur der vordergründige und unvollkommene Ausdruck der Idee. Sie ist die notwendige Brücke zwischen Idee einerseits und Stoff und Materie andererseits, die der Idee die Möglichkeit verleihen, in die Außenwelt zu treten.

Der Verwirklichung dieser Möglichkeit dient das Ausdrucksmittel. Es ist das Mittel, das auf die Sinnesorgane des aufnehmenden Menschen einwirkt und durch diese Einwirkung das Werk zum Bewußtseinsinhalt dieses Menschen werden läßt[75]. Das Ausdrucksmittel verhilft dem gei-

---

[70] siehe oben S. 15.
[71] *Hartmann*, S. 14.
[72] *Hartmann*, S. 14.
[73] *Hartmann*, S. 235, 249.
[74] *Elster*, GRUR 1930, S. 929; vgl. dagegen *Ulmer*, S. 105 ff.
[75] *Cahn-Speyer*, GRUR 1930, S. 761.

stigen Gehalt des Werkes – Idee und Form – zur sinnlichen Wahrnehmbarkeit.

Die Form ist also geistiger, das Ausdrucksmittel materieller Bestandteil des Werkes. Form und Ausdrucksmittel sind deshalb zu unterscheiden[76], obgleich sie bisweilen – z. B. in der bildenden Kunst – untrennbar verbunden sind. Daß es sich tatsächlich um selbständige Elemente eines Werkes handelt, läßt sich am Beispiel einer improvisierten Melodie verdeutlichen. Das Ausdrucksmittel sind in diesem Falle die Schallwellen. Mit ihrem Verklingen fällt das Ausdrucksmittel fort. Die Form aber bleibt bestehen. Sie ist von den Zuhörern aufgenommen und erkannt worden und kann von Neuem mit einem Ausdrucksmittel verbunden werden.

Dieses Beispiel macht daneben deutlich, daß das Erfordernis des Ausdrucksmittels nicht die Notwendigkeit einer körperlichen Festlegung des Werkes bedeutet[77]. Das Ausdrucksmittel kann auch flüchtiger und vergänglicher Natur sein[78].

Da eine körperliche Festlegung nicht Voraussetzung für den Urheberschutz ist, ist auch das Mittel, durch welches ein Werk festgelegt wird (Festlegungsmittel), urheberrechtlich nicht bedeutsam[79]. Allerdings darf das Festlegungsmittel nicht mit dem Ausdrucksmittel verwechselt werden. Nur da, wo das Ausdrucksmittel eine feste Materie ist (z. B. in der bildenden Kunst), ist es zugleich Festlegungsmittel. Immer dann aber, wenn das Ausdrucksmittel flüchtiger Natur ist, unterscheidet es sich vom Festlegungsmittel. So ist das Ausdrucksmittel eines Sprachwerkes die Sprache, seine Festlegung erfolgt jedoch in der Regel durch die Schrift, die nichts anderes als ein Behelf ist, um die flüchtige Erscheinung des gesprochenen Wortes festzuhalten[80]. Schrift und Sprache sind also nicht austauschbare Ausdrucksmittel eines Werkes, sondern sie stehen im Verhältnis von Festlegungsmittel und Ausdrucksmittel. Daran ändert auch die Tatsache nichts, daß die Mehrzahl aller Sprachwerke in der Schriftform veröffentlicht und verbreitet wird.

Der mit dem Begriff Ausdrucksmittel gekennzeichnete Bestandteil des Werkes ist identisch mit der oben[81] beschriebenen materiellen Schicht.

---

[76] *Elster*, UFITA 1929, S. 605, 1930, S. 390.
[77] *Ulmer*, S. 114; *Bussmann-Pietzcker-Kleine*, S. 336.
[78] *Hubmann*, a.a.O., S. 101.
[79] *Cahn-Speyer*, GRUR 1930, S. 766.
[80] *Cahn-Speyer*, GRUR 1930, S. 764, 765; *Ulmer*, S. 118.
[81] siehe oben S. 15.

Der Begriff Ausdrucksmittel deutet auf die Funktion, der Begriff Materie auf die Substanz dieses Bestandteils hin.

Die geistigen Bestandteile Idee und Form stimmen mit der geistigen Schicht des Werkes überein. Unterschiedlich verläuft nur die Grenze zwischen Idee und Form einerseits und Gemeingut und Individualgut andererseits. Gemeingut und Individualgut finden sich bei einem Werk notwendig sowohl in der Idee als auch in der Form. Die Idee ist gerade durch die Verbindung des Gemeinguts mit dem individuellen Wesen gekennzeichnet, während eine Form, die nur dem Gemeingut entnommen ist, keiner individuellen Idee zum Ausdruck verhelfen kann. Umgekehrt ist eine vollkommen neue Form, die nicht auf bekannte Formelemente und -gesetze zurückgreift, nicht denkbar.

Die Elemente Idee, Form und Ausdrucksmittel werden durch die Tätigkeit des Werkurhebers verbunden. Dabei ist entsprechend der Trennung dieser Elemente zu unterscheiden zwischen der Formgebung, die von der Idee zur Form führt, und der Übertragung der Form auf das Ausdrucksmittel.

Die geistige Tätigkeit, die aufgewendet werden muß, um die Idee in einer Form zu gestalten, wird als schöpferische Tätigkeit bezeichnet[82]. Da diese Tätigkeit von gewisser Dauer ist, spricht man von dem gesamten Vorgang der Formgebung auch als der schöpferischen Leistung. In der gesetzlichen Definition des Werkbegriffs ist die Voraussetzung der schöpferischen Leistung in dem Begriff Schöpfung enthalten.

Die schöpferische Leistung ist die wesentliche Voraussetzung für den urheberrechtlichen Schutz, weil sie diesen Schutz sachlich begründet. Die innere Schau, die ideale Welt des einzelnen Menschen bildet sich durch die Auseinandersetzung des individuellen Wesens mit den von außen kommenden Eindrücken. Obgleich der phantasiebegabte und künstlerische Mensch diesen Vorgang stärker und vielfältiger erleben wird als der sachliche und nüchterne, kann sich doch kein Mensch der Bildung seiner Gedanken- und Vorstellungswelt verschließen und entziehen. Die formale Bewältigung dieses inneren Erlebens dagegen erfordert den bewußten Einsatz des schaffenden Menschen. Indem er Vernunft und Phantasie anspannt, um seiner Idee zum Ausdruck zu verhelfen, bewirkt er eine geistige Leistung, die andere Menschen nicht vollbringen können oder wollen. Diese Leistung erkennt die Rechts-

[82] *Ulmer*, S. 116.

ordnung dadurch an, daß grundsätzlich nur ihr Urheber befugt ist, sie zu nutzen. Darüber hinaus schafft der Urheber mit der Formgebung die grundlegende Voraussetzung dafür, sich seiner Idee zu entäußern, d. h. die Voraussetzung dafür, einen Teil seiner geheimen Persönlichkeit der Umwelt zu offenbaren und in Form seines Werkes zur Verfügung zu stellen. Damit mit diesem Werk kein Mißbrauch getrieben werden kann, sichert das Urheberrecht dem Urheber die weitere Herrschaft über das Werk, indem es seine persönlichen und geistigen Beziehungen zu dem Werk schützt.

Nach der Formgebung[83] überträgt der Urheber die Form auf das Ausdrucksmittel, d. h. er formt die zum Werk gehörige Materie nach seinem Formgedanken.

Die einzelnen materiellen Grundlagen der verschiedenen Werkgattungen erfordern für ihre Formgestaltung unterschiedliche Voraussetzungen. Die künstlerische Handhabung der Sprache z. B. verlangt in der Regel neben der Beherrschung eines umfangreichen Wortschatzes und Kenntnis der grammatikalischen Gesetze die Beachtung von Regeln des sprachlichen Rhythmus und der Lautfolge. Der Ausdruck eines pantomimischen oder choreographischen Formgedankens ist an die Bewegungsfähigkeit des menschlichen Körpers gebunden. Bei den Werken der bildenden Kunst setzt die Bearbeitung der einzelnen in Betracht kommenden Materialien Handfertigkeit und den geschickten Gebrauch von Werkzeugen voraus.

Allen diesen Regeln und Gesetzen der Handhabung und Bearbeitung des Ausdrucksmittels ist gemeinsam, daß sie erlernbar sind. Eine vorgegebene Form kann von jedem Menschen bei entsprechender Begabung, Vorbildung und Übung unabhängig von seiner Individualität auf die zugehörige Materie übertragen werden. Aus diesem Grunde wird die Formgestaltung des Ausdrucksmittels im Gegensatz zu der individuellen schöpferischen Tätigkeit als handwerklich-technische Tätigkeit bezeichnet[84]. Der gesamte Vorgang der Formübertragung bildet mithin die handwerklich-technische Leistung innerhalb des Werkschaffens.

Die Trennung des Werkschaffens in eine schöpferische und eine handwerklich-technische Leistung ist nur in der reflektierenden Betrachtung möglich. Tatsächlich sind schöpferische Tätigkeit und handwerklich-technische Tätigkeit des Urhebers so eng miteinander verwoben und

---

[83] Zur Frage des zeitlichen Nacheinanders siehe unten S. 22 f.
[84] *Elster*, UFITA 1929, S. 609.

voneinander durchdrungen, daß eine Teilung durch eine örtliche oder zeitliche Grenze ausgeschlossen ist[85]. Am Beispiel der Kopie eines Bildes läßt sich aber die Berechtigung der theoretischen Trennung beider Leistungen verdeutlichen, denn für die Nachahmung der vorgegebenen Form bedarf es nicht mehr einer schöpferischen, wohl aber einer handwerklich-technischen Leistung. Die gleiche handwerklich-technische Leistung, die der Kopist erbringen muß, ist in dem kopierten Kunstwerk enthalten. Ähnlich verhält es sich bei der Wiederholung eines flüchtigen Ausdrucksmittels, etwa der verklingenden Tonfolge im Beispiel der improvisierten Melodie.

Das Urheberrecht knüpft an die schöpferische Leistung an. Die handwerklich-technische Leistung ist nur deshalb bedeutsam, weil sie der schöpferischen Leistung zur sinnlichen Wahrnehmbarkeit verhilft, ohne die ein Schutz der schöpferischen Leistung überflüssig wäre; denn solange diese nur dem Geist ihres Urhebers angehört, bedarf sie keines Schutzes[86]. Wer das Ausdrucksmittel eines Werkes ausführt oder wiederholt, schafft in der Regel kein urheberrechtliches Werk, da er nur eine handwerklich-technische Leistung erbringt.

B II 3 *Objektivation*

Der Werkbegriff, der durch die Notwendigkeit der geistigen und der materiellen Schicht und das Erfordernis der Individualität und Eigentümlichkeit, durch die Bestandteile Idee, Form und Ausdrucksmittel und die Verbindung von schöpferischer und handwerklich-technischer Leistung abgegrenzt worden ist, erfährt eine Einschränkung durch die Voraussetzung der Objektivation[87].

In § 11 UrhG heißt es: „Das Urheberrecht schützt den Urheber in seinen geistigen und persönlichen Beziehungen zum Werk ...". Derartige schutzfähige Beziehungen können nur entstehen, wenn sich das Ergebnis der schöpferischen Leistung von der Person des Urhebers löst und sich ihm gegenüber verselbständigt.

Damit sich der geistige Gehalt von der Person des Urhebers lösen kann, bedarf er ebenso wie für die sinnliche Wahrnehmbarkeit der

---

[85] vgl. *Troller*, Immaterialgüterrecht, S. 469 f.
[86] *Ulmer*, S. 114.
[87] *Hartmann*, S. 83; *Smoschewer*, GRUR 1927, S. 51; *Ellinger*, S. 8; *Voigtländer-Elster-Kleine*, S. 5; *Hubmann*, a.a.O., S. 101.

Verbindung mit Materie im weitesten Sinne[88]. Der Unterschied zur Voraussetzung der sinnlichen Wahrnehmbarkeit besteht darin, daß die Objektivation sich auf das Verhältnis des Schöpfers zu seinem Werk bezieht, während die sinnliche Wahrnehmbarkeit die Beziehung des Außenstehenden, des Dritten, zum Werk betrifft.

Der geistige Gehalt verselbständigt sich seinem Urheber gegenüber, wenn er unabhängig von dessen Person fortbesteht oder fortbestehen kann. Er besteht fort, wenn er mit einer dauerhaften Materie verbunden worden ist. Er besteht auch fort bzw. kann fortbestehen, wenn er nur über ein flüchtiges Ausdrucksmittel verfügt, weil das Ausdrucksmittel jederzeit unabhängig von der Person des Urhebers durch handwerklich-technischen Einsatz wiederholt werden kann[89]. Das Ausdrucksmittel an sich und seine Beständigkeit oder Wiederholbarkeit bewirken die Objektivation. Körperliche Festlegung ist grundsätzlich entbehrlich[90]. Tatsächlich sind zwar z. B. umfangreiche Sprach- oder Musikwerke nur anhand einer Aufzeichnung wiederholbar, dennoch ist eine derartige Fixierung nicht Voraussetzung für die Objektivation. Denn die Notwendigkeit der Aufzeichnung für die Wiederholbarkeit liegt nicht in der Sache selbst begründet, sondern sie hat ihren Grund in der beschränkten menschlichen Aufnahme- und Merkfähigkeit.

---

[88] *Hartmann*, S. 84.
[89] *Schramm*, Grundlagenforschung, S. 29 ff.
[90] *Ellinger*, S. 64.

C Meinungsstreit zur Frage des Regisseururheberrechts

Nachdem der Gegenstand „Inszenierung" abgegrenzt und das urheberrechtliche Werk gekennzeichnet worden sind, ist es möglich, die Inszenierung unter den Werkbegriff zu subsumieren und damit die streitige Frage, ob die Inszenierung ein Werk im Sinne des Urheberrechtsgesetzes ist, zu beantworten.

Der Streit der Meinungen zu diesem Problem entzündet sich an zwei Punkten. Es handelt sich einmal um die Frage, ob die Inszenierung das Ergebnis einer schöpferischen Leistung ist, zum anderen darum, ob sich diese Leistung objektiviert.

Die Antworten auf die erste Frage lassen sich in drei Gruppen gliedern. Diese Ansichten sind dadurch gekennzeichnet, daß sie annehmen, die Inszenierung erfordere

a) grundsätzlich,

b) unter bestimmten Voraussetzungen,

c) niemals

eine schöpferische Leistung.

C I Befürworter

Alle diejenigen, für die die Regieleistung stets oder unter bestimmten Voraussetzungen schöpferisch ist, nehmen damit zugleich an, daß insoweit die Inszenierung ein urheberrechtliches Werk und der Regisseur Urheber sei.

Einzelne Autoren vertreten die Auffassung, die Unterscheidung zwischen Urheber und ausübendem Künstler sei überhaupt unbegründet. Die Leistung des ausübenden Künstlers schlechthin sei grundsätzlich oder unter bestimmten Voraussetzungen urheberrechtsfähig[91]. Da diese Autoren ihre Ansicht, nach der dem Regisseur ohne weiteres ein

---

[91] *Smoschewer*, GRUR 1927, S. 51; *Cahn-Speyer*, UFITA 1932, S. 344; *Hirsch Ballin*, UFITA 1954, S. 318; *Troller*, Immaterialgüterrecht, S. 500 ff.; Jurisprudenz auf dem Holzwege, S. 98.

Urheberrecht zusteht, mit den gleichen Argumenten begründen, wie sie nachstehend für die Urheberrechtsfähigkeit gerade der Inszenierung aufgeführt werden[92], kann auf die folgenden Ausführungen verwiesen werden. Die weitergehende rechtspolitische Frage, ob die Unterscheidung von Urheberrecht und Leistungsschutzrecht verfehlt ist, braucht angesichts der eindeutigen gesetzlichen Regelung beider Institute im Rahmen dieser Untersuchung, deren Ziel es ist, die Rechtsstellung des Regisseurs nach geltendem Recht zu bestimmen, nicht erörtert zu werden.

Die Auffassung, die in der Inszenierung grundsätzlich eine schöpferische Leistung sieht, erfährt drei Begründungen.

Die erste Begründung beruht auf dem Satz, für das Drama gebe es zwei Formen der Veröffentlichung, die Buchform und die Bühnenform[93].

Die Veröffentlichung eines Dramas durch eine Aufführung und durch ein Buch seien nicht identisch, weil die Aufführung sich in einer anderen künstlerischen Dimension bewege. Zu der Zeitdimension der Sprache, die durch die Hörbarmachung des Wortes erst in der Aufführung verwirklicht werde, trete die Raumdimension. Das Sprachwerk müsse für die Aufführung in die Zeit-Raum-Dimension, von der begrifflichen Sphäre in die Anschaulichkeit, kurz in ein anderes Kunstgebiet, umgesetzt werden. Diese Umsetzung erfordere eine neue Formgebung[94].

Nach anderer Ansicht stehen Buch- und Bühnenform nicht gleichwertig nebeneinander; die Bühnenform sei vielmehr die Vollendung der Form des Bühnenwerkes, die der Urheber des Sprachwerkes in der Buchform nur unvollkommen ausgearbeitet habe. Die begriffliche Ausdrucksmöglichkeit sei zu unzulänglich, um volle Anschaulichkeit zu vermitteln. Das Sprachwerk lasse bei der Gestaltung der Aufführung einen weiten Spielraum, bilde nur einen Rahmen, der durch die Aufführung ausgefüllt werde. Die Inszenierung bedeute also eine die Buchform vollendende Formgebung[95].

---

[92] siehe unten S. 26 f.

[93] *Schreyer*, Scene 1. Jg., 1912, S. 146; 2. Jg., 1913, S. 180; *Koch*, S. 19; *Gnekow*, S. 3.

[94] *Schreyer*, a.a.O., *Treitel*, Scene 1. Jg. 1912, S. 168; *Litten*, S. 8, 24; *Opet*, JW 1924, S. 1719; *Gnekow*, S. 3, 91.

[95] *Cahn-Speyer*, Allgem. Musikzeitung 1926, S. 76 ff.; UFITA 1931, S. 382 f.; *Smoschewer*, GRUR 1927, S. 52 f.; *Lion*, GRUR 1927, S. 299.

Als zweite Begründung wird angeführt, die Inszenierung sei kein „Konglomerat"[96] von Dichtung, Schauspielkunst, Musik, Malerei und Architektur; vielmehr werde diese Mehrzahl von Werken und Leistungen durch die Regietätigkeit aus dem Geist und den Elementen des Stückes heraus zu einer geschlossenen Einheit, einem Gesamtwerk, verschmolzen. Diese Verschmelzung bedeute eine schöpferische Leistung[97].

Schließlich beruft man sich darauf, daß die für die Inszenierung aufgewandte Geistestätigkeit von gleicher Wesensart sei wie bei den im Gesetz genannten Werken[98]. Schöpferische Leistung bedeute subjektive Neugestaltung eines objektiven, vorgegebenen Stoffes. Nichts anderes tue der Regisseur, der den vom Autor geschaffenen objektiven Stoff neu mit seiner Subjektivität erfülle[99].

Anderer Ansicht zufolge ist die Inszenierung nicht schlechthin, sondern nur unter bestimmten Voraussetzungen das Ergebnis einer schöpferischen Leistung.

Nach *Lilia* und *Oehmke* ist eine Inszenierung nur dann schöpferisch, wenn der Regisseur seine Arbeit nicht an Bühnenanweisungen des Dichters ausrichten könne, wenn er nicht ein durch die Theaterpraxis vorgegebenes Inszenierungsschema übernehme und wenn sich die Gestaltung der Aufführung nicht als natürliche Folge aus dem Text des Stückes ergebe[100].

Elster geht davon aus, daß die Aufführung das „natürliche" Ausdrucksmittel des Bühnenwerkes sei. Alles, was der Regisseur zur Verwirklichung dieses Ausdrucksmittels tue, ändere nicht die Form des Werkes, sei daher nicht schöpferisch[101]. Nur dann, wenn der Regisseur das natürliche Ausdrucksmittel verlasse und zu einem gewillkürten Ausdrucksmittel greife, könne eine schöpferische Leistung vorliegen[102].

Telser meint, eine Inszenierung sei nur dann schöpferisch, wenn sie eine in der dichterischen Gestaltung als Möglichkeit nicht vorhandene

---

[96] *Schreyer*, Scene 1. Jg. 1912, S. 146.

[97] *Schreyer*, Scene 1. Jg. 1912, S. 146; *Gnekow*, S. 91; einschränkend: *Elster*, UFITA 1929, S. 276; *Dienstag-Elster*, S. 75, 77, 81; *Telser*, S. 35; *Voigtländer-Elster-Kleine*, S. 25.

[98] *Freiesleben*, S. 113; vgl. *Schramm*, Die schöpferische Leistung, S. 56.

[99] *Lyon*, S. 17 f.

[100] *Lilia*, S. 29 ff.; *Oehmke*, S. 37.

[101] *Elster*, UFITA 1931, S. 467; *Dienstag-Elster*, S. 79.

[102] *Elster*, UFITA 1930, S. 379; *Dienstag-Elster*, S. 79.

Idee verkörpere, die zudem noch von keinem anderen Regisseur gestaltet worden sei[103, 104].

C II Gegner

Auch diejenigen, die die Inszenierungsleistung nicht als schöpferisch ansehen, berufen sich auf verschiedene, wenn auch im Kern verwandte Begründungen.

Es wird angeführt, die Inszenierungstätigkeit sei nicht Werkschaffen, sondern Wiedergabe. Die Aufgabe des Regisseurs bestehe nicht darin, das Dichtwerk umzuschaffen, sondern darin, es wiederzugeben. Eine Umsetzung des Werkes in ein anderes Kunstgebiet komme nicht in Betracht, denn das Bühnenwerk sei „fix und fertig zum Gebrauch vom Verfasser hergestellt“[105]. Der Regisseur sei nur Gehilfe des Dichters[106], d. h. jemand, der sich auf die Ausführung fremder Gedanken beschränke und eine eigene schöpferische Tätigkeit nicht entwickle[107]. Selbst wenn der Regisseur aus dem Werk neue, bisher nicht aufgegriffene Aspekte gewinne, seien diese doch bereits in der Schöpfung des Dichters enthalten. Die Inszenierung bedeute deshalb niemals ein neues Werk, sondern nur Offenbarung eines fremden Werkes[108].

Aus diesem Grunde sei die Inszenierung auch keine Bearbeitung. Ein Werk bearbeiten bedeute seine Form ändern[109]. Die normale, die werkgetreue Wiedergabe solle dagegen gerade das Werk in der ihm eigentümlichen Formgebung bewahren. Wiedergabe und Bearbeitung schlössen einander aus[110].

Eine weitere Begründung folgt aus der Gegenüberstellung von Bühne und Film. Bei dem Bühnenwerk sei Träger der Handlung das Wort, beim Film dagegen sei es das Bild[111]. Die Wirkung des Films beruhe

---

[103] S. 28.

[104] Ohne Begründung halten z. B. *Röber*, S. 29 und *Meyer-Stapelfeld*, S. 31, eine schöpferische Inszenierung im Ausnahmefall für möglich.

[105] RGZ 107, S. 64.

[106] RGZ a.a.O.

[107] RGZ 108, S. 64; *Schulze*, I. Teil § 1 LitUrhG, S. 10; § 2 LitUrhG S. 4.

[108] *Marwitz-Möhring*, S. 35; *Hoffmann*, JW 1936, S. 1501; *Ott*, S. 20, 28; *Meyer-Stapelfeld*, S. 46; *Hubmann*, Schutz des ausübenden Künstlers, S. 25; *Ulmer*, S. 142; *Bussmann-Pietzcker-Kleine*, S. 472; *Nordemann*, S. 77 f.

[109] *Marwitz-Möhring*, S. 45; *Voigtländer-Elster-Kleine*, S. 40.

[110] *Meyer-Stapelfeld*, S. 23; *Ulmer*, S. 142; *Bussmann-Pietzcker-Kleine*, S. 472.

[111] *Iros*, S. 104; *Werhahn*, UFITA 1955 I, S. 192; *Ott*, S. 83; *Wipf*, S. 24.

auf der Bildfolge, deren Komposition der schöpferische Akt beim Filmwerk sei. Die Aufführung dagegen beziehe ihre Wirkung in erster Linie aus dem dichterischen Wort, das in seiner endgültigen Form bereits durch seinen Schöpfer geprägt sei. Dementsprechend sei beim Bühnenwerk der eigentliche schöpferische Akt in der Formung und Festlegung des Dialogs zu sehen. Die vorgegebene Form des Werkes setze dem Regisseur bei der Gestaltung der Aufführung einen engen Rahmen, innerhalb dessen er nur auslegend und ausdeutend tätig werden könne. Der Regisseur sei mithin nur Diener am Werk des Dichters[112].

Nur wenn der Regisseur sich „selbstherrlich" über die Person des Dichters stelle, könne er etwas Neues, im Werk nicht Vorhandenes schaffen. Die Ehrfurcht vor dem schaffenden Künstler und seinem Werk aber verbiete diese Art der Wiedergabe. Aus diesem Grunde sei einer solchen Inszenierung der Rechtsschutz zu verwehren[113].

Schließlich wird gegen die Schutzfähigkeit der Inszenierung vorgetragen, daß sie sich nicht objektiviere[114]. Die Inszenierungsleistung sei untrennbar mit dem aufgeführten Werk und den einzelnen Darstellern verknüpft. Deshalb könne sie sich nicht verselbständigen und losgelöst von dem Stück und den Schauspielern als geistiges Gebilde fortbestehen[115].

---

[112] *Marwitz-Möhring*, S. 44; *Runge*, S. 266; *Werhahn*, a.a.O., S. 10; *Weimann*, S. 36 f.; *Wipf*, S. 57.

[113] *Marwitz*, GRUR 1926, S. 574, siehe auch *Marwitz-Möhring*, S. 92; *Marwitz*, UFITA 1930, S. 303.

[114] vgl. oben S. 23 f.

[115] *Ellinger*, S. 57 f.; *Meyer-Stapelfeld*, S. 46.

D Die Inszenierung als urheberrechtlich geschütztes Werk

D I Erfordernis der schöpferischen Leistung

Die Inszenierung ist kein selbständiges, sondern ein abhängiges Gebilde. Die Beantwortung der Frage, ob die Inszenierung das Ergebnis einer schöpferischen Leistung ist oder doch sein kann, setzt daher zunächst voraus, die Art ihres Abhängigkeitsverhältnisses zu klären. Art und Grad der Abhängigkeit bestimmen nämlich die Grenzen und Möglichkeiten, in denen eine abhängige Leistung überhaupt schöpferisch sein kann.

D I 1 *Ausdrucksmittel des Bühnenwerkes*

Die Aufführung ist das Ausdrucksmittel des Bühnenwerkes, d. h. die Aufführung ist die Materie im weitesten Sinne, in welcher die Form des Bühnenwerkes ihren Ausdruck findet. Die Verwirklichung des Ausdrucksmittels eines Werkes erfordert grundsätzlich nur eine handwerklich-technische Leistung. Daher besteht zunächst einmal die Vermutung, daß die Inszenierung, also die Verwirklichung des Ausdrucksmittels Aufführung, nur eine handwerklich-technische Leistung erfordert. Die grundlegende Schwäche aller der Auffassungen[116], nach denen die Inszenierungsleistung grundsätzlich schöpferisch ist, liegt darin, daß sie es versäumen, von diesem Abhängigkeitsverhältnis der Inszenierung vom Bühnenwerk auszugehen.

Die Aufführung ist nicht ein vom Buch verschiedenes Ausdrucksmittel, sondern das Buch ist nur Festlegungsmittel[117].

Die Werke, bei denen das Ausdrucksmittel zugleich das Festlegungsmittel ist (z. B. Werke der bildenden Kunst), besitzen eine starre, unabänderliche Verbindung von Form und Ausdrucksmittel, die durch eine einmalige handwerklich-technische Leistung geschaffen worden ist. Sie objektivieren sich durch ihre materielle Beständigkeit. Die Werke, die nur über ein flüchtiges Ausdrucksmittel verfügen, wie das

[116] siehe oben S. 26 f.
[117] siehe oben S. 20.

Bühnenwerk, objektivieren sich durch ihre Wiederholbarkeit[118]. Für jede Wiederholung ist eine neue handwerklich-technische Leistung erforderlich, welche die Verbindung von Form und Ausdrucksmittel jedesmal erst wieder herstellen muß. Grundlage der Wiederholbarkeit ist die hilfsweise Festlegung des Werkes durch das Festlegungsmittel. Es entspricht der Natur des Festlegungsmittels als eines Hilfsmittels, daß es die Form des Werkes nicht gänzlich erfassen kann[119]. So kann z. B. die Partitur eines Musikwerkes trotz genauester Angaben niemals die endgültige Form des Werkes, die es in der Wiedergabe durch Rhythmus, Tempo und Lautstärke erfährt, bestimmen. Nach dem Grad der Vollkommenheit des Festlegungsmittels bemessen sich Art und Umfang des handwerklich-technischen Einsatzes.

Die Schrift ist für ein Bühnenwerk ein besonders unvollkommenes Festlegungsmittel[120]. Die Besonderheit der Unvollkommenheit liegt darin, daß die Schrift an sich nur Festlegungsmittel für die Sprache ist. Schon insoweit weist sie die für ein Festlegungsmittel typische Unvollkommenheit auf, weil sie die Art und Weise, in der das Wort hörbar zu machen ist, nicht ausdrücken kann. Das Bühnenwerk ist darüberhinaus aber seiner Bestimmung gemäß nicht nur ein Sprachwerk, sondern es besteht in seiner Erscheinung als Aufführung aus Sprache und sinnlicher Anschaulichkeit. Der Bereich der Anschaulichkeit einer Aufführung, zu dem Bühnenbild, Kostüme, Masken, Beleuchtung, Einzel- und Gruppenbewegungen, Gestik und Mimik gehören, ist durch die Sprache unmittelbar nicht auszudrücken und daher durch die Schrift nicht festzulegen. Die Anschaulichkeit kann allenfalls durch Worte beschrieben werden. Eine solche Beschreibung bedeutet aber ebensowenig eine Festlegung dieses Bereichs wie die Beschreibung eines Bildes dessen Festlegung ist. Demgemäß ist die Anschaulichkeit einer Aufführung in der schriftlichen Niederlegung des Bühnenwerks gar nicht enthalten oder nur andeutungsweise durch szenische Bemerkungen, deren Theaterwert umstritten ist[121], beschrieben. Ihre Gestaltung muß daher aus dem Sinn und dem Zusammenhang der Handlung abgeleitet werden. Die Unvollkommenheit des Festlegungsmittels eines Bühnenwerkes unterscheidet sich mithin von der typischen Unvollkommenheit eines Festlegungsmittels. Während z. B. bei einem Musikwerk nicht mehr fixiert werden kann, als durch die Notenschrift

118 siehe oben S. 24.

119 *Troller*, Immaterialgüterrecht, S. 501.

120 *Mahnke*, S. 120 f.; *Melchinger*, S. 19.

121 *Sterz*, S. 203.

auszudrücken möglich ist, wird beim Bühnenwerk der anschauliche Bereich lediglich angedeutet, auf seine Festlegung jedoch vollkommen verzichtet, obwohl z. B. das Bühnenbild, die Kostüme oder die Masken durch Skizzen und Modelle weitgehend fixiert werden könnten.

Im Verhältnis zur Aufführung ist das Bühnenwerk in seiner schriftlichen Form also unvollendet. Seine endgültige „Form" findet es erst in der Aufführung. Für die Gestaltung der Aufführung ist daher eine Formauffüllung oder Formergänzung notwendig.

Daraus darf nicht geschlossen werden, daß die Auffassung[122] richtig sei, die Inszenierung erfordere stets eine schöpferische Leistung, weil sie die Form des Bühnenwerkes durch die Aufführung vollende. Als literarisches Werk weist das Bühnenwerk nämlich eine abgeschlossene und vollendete Form im Sinne des Urheberrechts und auch der Ästethik[123] auf. Die notwendige Formergänzung bezieht sich also nicht auf die literarische Form, sondern auf die „Form" der Erscheinung in einer Aufführung. Ob aber diese Erscheinungsform eines Bühnenwerkes eine Formgebung im urheberrechtlichen Sinne erfordert, soll gerade untersucht werden. Aus dem gleichen Grunde ist die Ansicht[124], das Buch stelle eine andere Form des Bühnenwerkes dar als die Aufführung, nicht schlüssig. Die literarische Form des Bühnenwerkes wird durch die Aufführung nicht notwendig verändert. Ob dagegen die notwendige Formergänzung in der Aufführung zu einer dem Buch gegenüber neuen Form im Sinne des Urheberrechts führt, bleibt eben noch zu prüfen.

Die notwendige Ergänzung ist das eine Erfordernis einer Aufführung. Das andere Erfordernis ist die Organisation der Aufführung. Das Raum-Zeit-Gebilde der Aufführung wird durch eine Vielzahl von Gegenständen und Tätigkeiten künstlerischer und technischer Art ausgefüllt, die alle nach dem Plan des Stückes in räumlichen und zeitlichen Einklang und Ablauf zu bringen sind. Diese Ordnung aller eine Aufführung bestimmenden Faktoren erfordert eine organisatorische Leistung[125].

Diese beiden Besonderheiten des Ausdrucksmittels Aufführung — Ergänzung und Organisation — sind der Grund und zugleich notwendiger Inhalt der Inszenierungstätigkeit.

---

[122] siehe oben S. 26.
[123] *Simmel*, S. 340.
[124] siehe oben S. 26.
[125] *Kutscher*, S. 219.

Die organisatorische Leistung als solche, die sich praktisch freilich selten völlig isolieren läßt, ist keine künstlerische und daher in diesem Sinne auch keine schöpferische Leistung. Es handelt sich um ein bühnentechnisches Problem, bei dem nach den Voraussetzungen der jeweiligen Bühne und nach Zweckmäßigkeitserwägungen die durch das Stück bestimmten Darsteller, Dekorationen und Requisiten in die durch die Handlung vorgezeichnete Ordnung zu bringen sind.

D I 2 *Formergänzung*

Auch die formergänzende Leistung ist nicht notwendig eine schöpferische Leistung. Das soll an folgendem Beispiel verdeutlicht werden.

Der Betrachter einer Kreislinie, die an verschiedenen Stellen unterbrochen ist, wird trotz dieser Unterbrechungen die Figur des Kreises erkennen. Um die einzelnen Bruchstücke der Linie zum vollen Kreis zu ergänzen, bedarf es keiner schöpferischen Leistung, weil die fehlenden Teile der Linie in ihrem Verlauf, d. h. in ihrer Form, durch die vorhandenen Teile der Linie derart vorbestimmt sind, daß für eine individuelle Gestaltung kein Raum bleibt.

Dieses einfache Beispiel läßt sich jedoch fortentwickeln. Die Form eines Bühnenwerkes ist vielfältiger, verschlungener, komplizierter als die schlichte geometrische Figur des Kreises. Setzt man deshalb an die Stelle des Kreises eine unregelmäßig geschwungene, sich kreuzende und überlagernde Linie, die wiederum vielfach unterbrochen ist, so ist die Ergänzung zur durchlaufenden Linie nicht mehr zwangsläufig zu vollziehen. Dennoch wird sich auch in diesem Fall oftmals die Verbindungslinie zwischen den einzelnen Bruchstücken aus deren Schwung und Ebenmaß als natürlich und selbstverständlich anbieten. Auch in einem solchen Fall, in dem die Möglichkeiten der Verbindung auf Grund von Formgesetzen und Formerfahrungen auf eine Möglichkeit zusammengeschrumpft sind, bedarf es keiner schöpferischen Leistung zur Ergänzung.

Vielfach wird sich jedoch nicht nur eine Form der Verbindung anbieten, sondern es erscheint eine Mehrzahl von Ergänzungsformen, die durch die vorhandenen Teilformen alle gleichermaßen gerechtfertigt sind, möglich. Die Wahl bzw. die Gestaltung einer dieser Möglichkeiten wird unter diesen Umständen gar nicht so sehr durch die vorhandene Form, als vielmehr durch die Form anderer ebenfalls freier Ergänzungen bestimmt. Wo aber eine Vielzahl von Ergänzungsformen möglich ist, ist die endgültige Form der Figur nur insoweit bestimmt, als sie durch eine fortlaufende Linie gebildet wird. Der Verlauf dieser Linie aber, ihre Form an sich, ist mehr oder weniger unbestimmt. Sie erfährt ihre Gestalt erst durch die Tätigkeit desjenigen, der die Ergänzungen vornimmt.

Schließlich läßt sich denken, daß die Verbindungen wider alle Gesetzlichkeit und Natürlichkeit bewußt abweichend von der durch die vorhandenen Formteile angedeuteten Gesamtform gezogen werden. In diesem Fall wird die sich an sich zwanglos ergebende Form der Figur durch die Ergänzungstätigkeit verändert.

Die gleichen Möglichkeiten formergänzender Tätigkeit, die durch das vereinfachende Beispiel der Linienergänzung veranschaulicht worden sind, finden sich bei der Aufführung eines Bühnenwerkes. Den Unterbrechungen der Linie entsprechen all jene Bereiche und Bestandteile einer Aufführung, deren Gestaltung nicht unmittelbar im Buch vorgezeichnet ist. Dazu gehören Bühnenbild, Kostüme, Masken, Beleuchtung und sämtliche Bewegungsvorgänge, d. h. sowohl Gestik und Mimik des einzelnen Darstellers, als auch dessen Bewegung und die Bewegung aller Darsteller zueinander im Bühnenraum; dazu gehört ferner die Art und Weise der Hörbarmachung des Wortes, d. h. Tonfall, Lautstärke, Rhythmus und Tempo der Sprache; schließlich gehören dazu eine mögliche Zwischenaktmusik, musikalische Untermalung und Hintergrundgeräusche.

Am Beispiel von Bühnenbild und Bewegung lassen sich die Besonderheiten der formergänzenden Aufgabe der Inszenierung verdeutlichen.

Das Bühnenbild ist i. d. R. ein eigenständiges Werk der bildenden Kunst (§ 2 Abs. 1 Ziff. 4 UrhG)[126]; sein Schöpfer genießt Schutz nach Maßgabe des Urheberrechtsgesetzes (§§ 1, 7 UrhG). Zugleich ist das Bühnenbild aber auch Bestandteil der Aufführung, d. h. Bestandteil des Ausdrucksmittels des Bühnenwerkes. Als Hintergrund und Rahmen der Darstellung tritt es unterstützend und erklärend neben die Handlung, indem es Milieu und Atmosphäre des Geschehens kennzeichnet. Insoweit folgt seine Gestaltung aus dem Sinn und der Absicht des Stückes, und insoweit kann umgekehrt seine Art und Form den Geist des Dramas beeinflussen.

[126] *Ulmer*, S. 93; *Hubmann*, Urheber- und Verlagsrecht, S. 94.

Wenn z. B. beim Fehlen von szenischen Angaben nach Zeit (Jahrhundertwende) und Ort (Arbeitszimmer eines Pfarrers, Lehrers, Künstlers usw.) der Handlung sowie den Erfordernissen der dazustellenden Szene (bestimmte Gegenstände – Schreibtisch, Stühle, Türen und Fenster – spielen eine „Rolle") ein naturalistischer Bühnenraum erstellt wird, so ist die Gestaltung eines derartigen Bühnenbildes, das in sich eine individuelle Schöpfung sein mag, im Hinblick auf das Stück eine notwendige oder natürliche Folge.

Wird dagegen der Raum auf der Bühne nur angedeutet, werden die Wände fortgelassen, werden Türen und Fenster lediglich durch freistehende Rahmen gekennzeichnet, weisen ein Schreibtisch, einige Stühle knapp auf die Bedeutung des Raumes hin, fehlt jegliches ausmalende, die Zeit des Geschehens verdeutlichende Beiwerk, dann folgt dieses Bühnenbild, das dem szenischen Bedarf gerade noch gerecht wird, nicht mehr notwendig oder natürlich aus der Handlung, sondern es wirkt vielmehr auf den Geist des Stückes zurück, indem es durch seine karge und desillusionierende Wirkung den Betrachter zwingt, die Szene aus einem ganz bestimmten Blickwinkel zu sehen und zu verstehen.

Das Bewegungsspiel, welches das Wort in der Aufführung ergänzt, ist, abgesehen von der Pantomime (§ 2 Abs. 1 Ziff. 3 UrhG), im Gegensatz zum Bühnenbild kein eigenständiges urheberrechtliches Werk.

Bestimmte Worte und Handlungsabläufe erfordern notwendig bestimmte Bewegungen. Weite Bereiche der Handlung und des Dialogs aber sind in ihrer Bewegungsanforderung neutral, d. h. sie könnten ohne oder nur mit geringem Bewegungsaufwand gespielt werden. Da das aber unnatürlich, leblos und langweilig wirken würde, wird die Bewegung aufrechterhalten. Solche Bewegungen um des lebendigen Spiels willen können inhalts- und belanglos sein. In diesem Fall sind sie urheberrechtlich schon deshalb bedeutungslos, weil sie keine Idee, keinen Gedanken, ausdrücken und verkörpern.

Das Bewegungsspiel kann aber auch benutzt werden, um dem Betrachter zu helfen, über das Wort hinaus oder sogar unabhängig vom gesprochenen Wort die Personen in ihrem Charakter und in ihren Beziehungen zueinander zu erkennen. Insofern bilden Gestik und Mimik einen Kommentar, der Phantasie und Gedanken des Zuschauers zu einem bestimmten und gewünschten Verständnis des Stückes führt[127].

---

[127] vgl. *Hagemann*, S. 301 f., 310; *Kesting*, S. 145 f.

Solche Bewegungen folgen nicht mehr notwendig oder natürlich aus der schriftlichen Vorlage.

Was für das Bühnenbild und die Bewegung dargelegt worden ist, gilt gleichermaßen für alle übrigen Bereiche der Aufführung. Das Buch ist nur als literarische Form vollendet[128]. Im Hinblick auf die Aufführung enthält es nur Formteile, die erst durch die Inszenierung verbunden werden. Diese Aufführungsform als solche ist zwar dem Bühnenwerk immer eigen, sie kann aber in der schriftlichen Festlegung nicht ausgedrückt werden. Welche Form das Bühnenwerk in der Aufführung endgültig annimmt, hängt daher allein von der Regie ab.

Am Beispiel der Linienergänzung war deutlich geworden, daß Ergänzungsformen, die zwingend oder natürlich aus den vorhandenen Formteilen folgen, zu ihrer Gestaltung keiner schöpferischen Tätigkeit bedürfen[129]. Das gilt ebenso für die entsprechenden Ergänzungen in der Aufführung. Soweit Vorgänge oder Situationen auf der Bühne zwangsläufig durch die Handlung des Stückes geboten sind, werden sie nicht geschaffen, sondern vollzogen. Aber auch Ergänzungen, die in diesem Sinne nicht notwendig sind, werden häufig lediglich auf Grund der allgemeinen Lebenserfahrung als typische Geschehensabläufe durch handwerkliche Routine gestaltet. Derartige natürliche Ergänzungen sind nicht schöpferisch, weil sie dem Gemeingut[130] entnommen sind und daher kein eigenes Gedankengut des Regisseurs offenbaren. Ihrer Ausführung fehlt die Individualität[131].

D I 3 *Inszenierungsidee*

Die Frage dagegen, ob die freien und bewußt gegensätzlichen Ergänzungsformen schöpferische Tätigkeit erfordern bzw. ob sie die Inszenierung zu einer persönlichen geistigen Schöpfung machen, kann nicht von der einzelnen Ergänzung aus, sondern nur vom gesamten Inszenierungsvorgang her beantwortet werden.

Zu Beginn der Inszenierung liest und erarbeitet sich der Regisseur das aufzuführende Werk gründlich, um dessen ideellen Gehalt aufzuspüren. Dabei begegnet ihm die Schwierigkeit, daß der Autor in der Regel

[128] siehe oben S. 32.
[129] siehe oben S. 33.
[130] siehe oben S. 16.
[131] siehe oben S. 16 f.

weder sein eigenes Anliegen, seine Gedanken und Empfindungen noch die Charaktere der handelnden Personen, die seelischen und psychologischen Triebfedern ihres Handelns, unmittelbar ausspricht oder kennzeichnet. Der Regisseur, der bemüht ist, die dichterische Aussage zu erfassen, ist zunächst darauf angewiesen, Eigenart und Wesen der handelnden Personen aus ihren Worten, die darauf hinweisen, wie sie sich ihren Konflikten, Problemen und Schicksalen gegenüber verhalten, zu erschließen, um die Folgerichtigkeit ihrer Handlungsweisen zu verstehen. Allein das Begreifen der charakterlichen und wesenseigenen Motive ihres Verhaltens vermittelt den Durchblick auf die hintergründigen Vorstellungen und Absichten des Autors. Das Verständnis der dichterischen Intention fördert und erleichtert wiederum die Einsicht in die Logik der einzelnen Tat wie der gesamten Handlung. Das gilt nicht nur für das ernste Drama, sondern auch für die Gattung des leichten Bühnenstückes. Die komische Situation und der spannungslösende Effekt bedürfen in gleicher Weise der einleuchtenden Entwicklung und der präzisen Begründung wie die Zuspitzung des tragischen Konflikts.

Das wechselseitige Verständnis von dramatischer Konsequenz und dichterischer Idee ist für den künstlerischen Interpreten – anders als es der interpretierende Literaturwissenschaftler anstrebt – keine objektive Erkenntnis, ist nicht das unabänderliche Ergebnis verstandesmäßiger Kalkulation, sondern ein durch die individuelle Phantasie des aufnehmenden Geistes entstehendes und geprägtes Bild, das für jeden Betrachter ein anderes sein wird, weil kein individuelles Wesen dem anderen gleicht und jedes nach Erklärung suchende Individuum von denjenigen Wesenszügen und Motiven einer handelnden Person am ehesten angezogen wird, die seinen eigenen geheimen oder bewußten Gefühlen und Empfindungen am meisten entsprechen[132].

Die persönliche Deutung gleicht einem Essay[133] über das Bühnenwerk, in welchem das ehrliche Bemühen, die ideellen Grundlagen des Werkes hervorzuheben, derart von der Ideen- und Gefühlswelt der künstlerischen Persönlichkeit des Regisseurs durchdrungen ist, daß im Ergebnis niemals die reine dichterische Anschauung, sondern immer die individuelle Auffassung des Regisseurs erscheint[134]. Die persönliche Durchdringung des Werkes, die oftmals zu einer Steigerung und Ver-

---

[132] *Pfeiffer*, S. 9 ff.; vgl. auch *Hagemann*, S. 150, 222; *Kutscher*, S. 225.
[133] *Hauffe*, S. 23.
[134] *Hagemann*, S. 222; *Stepun*, S. 14 f.

tiefung der dichterischen Aussage führt[135], kann im äußersten Fall auch soweit gehen, daß die Sicht des Regisseurs den Sinngehalt der Handlung nach herkömmlichen Maßstäben in sein Gegenteil verkehrt.

Die Auffassung des Regisseurs verdichtet sich schließlich zur Inszenierungsidee, d. h. zu jenem Vorstellungsbild, in dem die durch die eigene Individualität gefärbte dichterische Idee über das Wort hinaus in allen Ausdruckselementen der Bühne hervorgekehrt und veranschaulicht wird. Die Inszenierungsidee ist also gleichsam die plastische Idee des Werkes. Sie ist Richtschnur und Leitlinie der gesamten bühnenmäßigen Gestaltung.

Ihre ersten Auswirkungen zeitigt die Inszenierungsidee bei der am Anfang der praktischen Inszenierungsarbeit stehenden dramaturgischen Bearbeitung.

Spielbarkeit und Bühnenwirkung, die anderen Regeln folgt als die literarische Wirkung, sowie die Anpassung älterer Werke an die Bedingungen und Empfindungen der Gegenwart und die personellen und räumlichen Verhältnisse des Theaters verlangen wohl ausnahmslos[136], insbesondere aber bei älteren Stücken, eine dramaturgische Bearbeitung. Der „Götz von Berlichingen" z. B. ist mit seinen zweiundvierzig Verwandlungen in der Form des Originals nicht zu spielen. Selbst wenn das technische Problem zu lösen wäre, könnte der Zuschauer nicht mehr folgen, wäre die dramaturgische Wirkung zerstört[137].

Der Umfang der erforderlichen Bearbeitung ist unterschiedlich; er kann von kleineren Strichen über Umstellungen und Zusammenfassungen von Szenenteilen und Szenen bis zu Umarbeitungen reichen. Neben der im vorhergehenden Absatz beschriebenen Zielsetzung dient die Bühneneinrichtung gleichzeitig der Verwirklichung der Inszenierungsidee. So werden den notwendigen Streichungen z. B. vornehmlich jene Stellen, Szenenteile oder Szenen zum Opfer fallen, die am wenigsten in das Vorstellungsbild des Regisseurs passen.

Im Anschluß an die dramaturgische Bearbeitung, die nicht unbedingt vom Regisseur vorgenommen, jedoch von ihm verantwortet werden muß[138], stellt der Regisseur nach seiner Inszenierungsidee das maßgebende Regiebuch her, welches den Plan für die Erscheinung des Werkes auf der Bühne bildet. Das Regiebuch enthält neben dem end-

---

[135] *Hagemann*, S. 223.
[136] *Mahnke*, S. 114.
[137] *Hagemann*, S. 47.
[138] *Hagemann*, S. 49; *Mahnke*, S. 64 f.

gültigen Aufführungstext für jeden Akt einen Dekorationsplan mit genauer Beschreibung des Bühnenbildes, Angaben über Art und Stärke der Beleuchtung sowie Hinweise auf besondere Lichteffekte. Ferner sind in ihm alle Verrichtungen aufgeführt, die im Laufe des Stückes vom technischen Bühnenpersonal getan werden müssen. Schließlich sind in ihm alle Regieanordnungen für die darstellenden Personen enthalten, insbesondere für die Stellungen der Schauspieler innerhalb der Szene und zueinander[139]. Die vollständige endgültige Fassung erhält das Regiebuch erst in der nachfolgenden Probenarbeit, die der lebendigen Gestaltung der Aufführung dient.

Wie die dramaturgische Bearbeitung steht auch die Herstellung des Regiebuches und die Probenarbeit unter dem richtunggebenden Einfluß der Inszenierungsidee, deren Verwirklichung die fertige Aufführung ist. Alle Einzelheiten der Aufführung, welche das Bühnenbild, die Beleuchtung, die Kostüme, die Masken, die Requisiten, die Gestik, die Mimik, das Tempo und den Rhtyhmus der Bewegungen, die Gruppierungen der Darsteller, die Verteilung der Vorgänge auf dem gesamten Spielplatz, das Tempo, die Lautstärke und den Tonfall der Sprache, die Hervorhebung der Situationen und Motive und die Markierung der verschiedenen Einschnitte des dramatischen Geschehens betreffen, fließen in ihrer Gestaltung aus der Inszenierungsidee des Regisseurs.

D I 4 *Gestaltung der Inszenierungsidee in der Aufführung*

Die Betrachtung von unten, von der Aufführung als Ausdrucksmittel des Bühnenwerkes her, hat gezeigt, daß gegenüber dem Buch Ergänzungen notwendig sind. Es ist dargelegt worden, daß diese Ergänzungen teilweise entweder zwingend aus dem Stück folgen oder auf Grund künstlerisch-handwerklicher Tätigkeit und theatertechnischem Geschick ohne schöpferische Leistung gestaltet werden können (natürliche Ergänzungen)[140]. Schließlich hat sich aber auch erwiesen, daß der Ergänzungsbedarf der Aufführung gegenüber dem Buch in aller Regel so groß ist, daß die zwingenden oder natürlichen Ergänzungen in der Mehrzahl der Fälle nicht ausreichen, den Spielraum, den der Regisseur bei der Verwirklichung der Aufführung hat, befriedigend auszufüllen[141]. Über diesen Punkt der Untersuchung hat die Betrach-

[139] *Hagemann*, S. 314 ff.; *Melchinger*, S. 19.
[140] siehe oben S. 36.
[141] siehe z. B. oben S. 35.

tung von oben, von dem Ausgangspunkt und dem Entwicklungsgang einer Inszenierung her, hinweggeholfen, indem sie gezeigt hat, daß diese Ergänzungen aus einer einheitlichen Inszenierungsidee, in welcher die dichterische Idee sich mit der Auffassung des Regisseurs zum Vorstellungsbild des anschaulichen Werkes verbunden hat, gestaltet werden. Es schließt sich die Frage an, ob dieser Vorgang schöpferische Formgebung im urheberrechtlichen Sinne bedeutet.

Die Inszenierungsidee kann auf viererlei Weise die Aufführung beeinflussen:

1. Der Regisseur gewinnt eine neue – unter Umständen in offenem Widerspruch zu der Idee des Dichters stehende – Vorstellung. Er verwirklicht seine Auffassung, indem er den Text des Werkes willkürlich umarbeitet, umdichtet, kürzt oder umstellt.

Dieser Fall ist künstlerisch und urheberrechtlich[142] besonders fragwürdig. Dennoch ist er an erster Stelle zu nennen, weil er für die hier allein interessierende Frage nach dem Urheberrecht an der Inszenierung keine Probleme aufwirft und diese Reihenfolge damit dem Prinzip der Untersuchung folgt, alle unproblematischen Fragen möglichst frühzeitig auszuscheiden.

2. Der Regisseur hat ein den herkömmlichen Vorstellungen oder der Vorstellung des Dichters – soweit sie erkennbar ist – zuwiderlaufendes Verständnis vom Werk, welches er nicht durch Textänderungen, sondern ausschließlich durch die übrigen Ausdruckselemente der Aufführung ausdrückt.

Ob man etwa Othello als Ausbund der Eifersucht oder schlicht als vertrauensselig ansieht[143], ob man Shylock für einen von Natur aus

---

[142] Möglicherweise verletzt der Regisseur nämlich in einem solchen Fall das Urheberrecht des Autors; denn Aufführungen, welche die Gestalt des Bühnenwerkes verändern, sind unzulässig (§ 39 UrhG). Ohne Zustimmung des Dichters dürfen nur solche Änderungen vorgenommen werden, für die er seine Einwilligung nach Treu und Glauben nicht versagen kann (§ 39 Abs. 2) UrhG). Weil das Änderungsverbot nicht beachtet worden war, mußte in Stuttgart auf Veranlassung des S. Fischer Verlages wegen Verzeichnung der Charaktere, der Tendenz und des Gehaltes *Albees* Schauspiel „Alles im Garten" abgesetzt werden (vgl. „Die Welt Nr. 97 vom 26. April 1969, S. 23). Aus dem gleichen Grunde mußte in Münster die Inszenierung des Stückes „Davor" von *Günter Grass* auf Verlangen des Autors geändert werden (vgl. „Die Welt" Nr. 117 vom 22. Mai 1969, S. 25). Vgl. dazu auch die Entscheidung des BGH „Maske in Blau", UFITA Bd. 60 (1971). S. 247 ff.

[143] *Stepun*, S. 14.

schlechthin bösartigen Juden oder einen wider Willen zum Bösen getriebenen Menschen hält, ist eine Frage der Interpretation der in Betracht kommenden Werke. Wie immer man sich dabei entscheidet: Es lassen sich jeweils beide Auffassungen ohne Änderung des Textes allein durch die Art der Darstellung verwirklichen.

3. Der Regisseur findet sich in Übereinstimmung mit der überkommenen oder der dichterischen Vorstellung, wie sie z. B. vom Dichter selbst geäußert worden ist. Er ist jedoch der Ansicht, daß die Idee in der Form, die der Dichter ihr gegeben hat, nicht verständlich und klar genug hervortritt. Er arbeitet deshalb den Text um, um seinen Gehalt dem in seinen Anschauungen veränderten Publikum zu erschließen.

4. Der Regisseur hat keine abweichende Auffassung von der dichterischen Aussage, und er behält auch den Text bei. Dennoch ist er bemüht, aus dem Geist des Stückes die Einzelheiten der Aufführung zu gestalten und um des deutlicheren Verständnisses willen zu ergänzen und zu erweitern. Obwohl er also über das durch die Handlung notwendig Gebotene hinausgeht, ist er doch gleichzeitig bestrebt, alles, was zur Erscheinung gelangt, und die Art und Weise, wie es erscheint, aus dem Sinngehalt des Werkes zu rechtfertigen.

In der Wirklichkeit lassen sich diese Gestaltungsmöglichkeiten nicht trennen. Es wird keine Inszenierung zu finden sein, bei welcher die Inszenierungsidee allein nach der Art einer dieser vier Möglichkeiten in der Aufführung gestaltet worden ist. Normalerweise bedient sich der Regisseur mehrerer oder aller Möglichkeiten, um seine Idee auszudrücken. Für die Untersuchung bietet die Gliederung jedoch eine bessere Übersichtlichkeit.

D I 5 *Bearbeitung und Werktreue*

Von den zuvor dargestellten vier Arten, in denen die Inszenierungsidee die Aufführung beeinflussen kann, führen die erste und die dritte zu schutzfähigen Bearbeitungen des Bühnenwerkes im Sinne des § 3 UrhG, sofern das erforderliche Maß an schöpferischer Eigenleistung vorliegt. Als literarische Bearbeitung wirft ihr urheberrechtlicher Schutz keine besonderen Probleme auf. Ihre Bedeutung im Rahmen der Frage nach der Urheberrechtsfähigkeit der Inszenierung wird gemeinsam mit der entsprechenden Bedeutung der zweiten Fallgestaltung im Anschluß an den folgenden Abschnitt[144] erörtert.

---

[144] siehe unten S. 43 ff.

Auch die zweite der vier Fallgestaltungen verändert das Werk in seiner Form. Zwar wird die Form des Textes nicht berührt, die Form des Bühnenwerkes geht aber über die Wortgestaltung im einzelnen hinaus, denn auch die Art der dramatischen Entwicklung, ihre Zuspitzung in tragischen oder komischen Höhepunkten, die Akt- und Szenenführung ebenso wie die Rollenverteilung und Charakteristik der handelnden Personen sind formbildende Elemente[145], die ihre bestimmte Gestaltung in der Aufführung finden. Wenn der Regisseur das Werk aus einem neuen Blickwinkel sieht, wenn er das Wesen der handelnden Personen neu deutet und dadurch ihr Handeln durch neue Motive begründet, verändert er das innere Gefüge, den Inhalt des Werkes, was nach dem vorher Gesagten eine Formveränderung bedeutet[146].

Ob auch diese Formveränderung eine Bearbeitung ist, hängt davon ab, wie weit man den Bearbeitungsbegriff faßt. Versteht man unter einer Bearbeitung nur die Formveränderung, die auf der Schaffensebene des Werkes selbst mit den gleichen Formungsmitteln bewerkstelligt wird[147], so bedeutet diese Formveränderung keine Bearbeitung, weil sie nicht auf der Ebene des Sprachwerkschaffens mit den Mitteln der Sprache geschieht.

Für eine solch einengende Auslegung des Begriffs der Bearbeitung ist jedoch kein Grund ersichtlich. Bearbeitung bedeutet die Veränderung der Form des Werkes[148]. Daher ist auch die Formveränderung, die allein durch die Ausdruckselemente der Bühne und nicht durch Textänderungen hervorgerufen wird, als Bearbeitung zu bezeichnen. Wird also mit den Mitteln der Darstellung die Form eines Bühnenwerkes geändert, wird – um ein grobes Beispiel zu nennen – eine Tragödie als Groteske oder Persiflage gespielt, dann ist die Inszenierung eine Bearbeitung. Wird dabei das erforderliche Maß an schöpferischer Eigenleistung erreicht, so ist diese Bearbeitung ein schutzfähiges Werk i. S. des § 3 UrhG.

Die Regietätigkeit kann also auf zweierlei Weise zu einer Bearbeitung des Bühnenwerkes führen. Die beiden Arten der Bearbeitung unterscheiden sich in doppelter Hinsicht voneinander: Der eine Unterschied

---

[145] BGH GRUR 1959, S. 381.
[146] siehe auch oben S. 19.
[147] *Schreyer*, Scene 2, Jg. 1913, S. 180; *Elster*, UFITA 1930, S. 576; vgl. auch *Gnekow*, S. 98.
[148] *Allfeld*, S. 37; *Marwitz-Möhring*, S. 45; *Bussmann-Pietzcker-Kleine*, S. 350; S. 350; *von Gamm*, § 3 Anm. 5.

liegt darin, daß die Textbearbeitung in erster Linie die Form der Materie (Sprache), eventuell auch die Form des Stoffes (Inhalt), die Bearbeitung durch die szenische Gestaltung dagegen nur die Form des Stoffes verändert. Der andere Unterschied besteht darin, daß die Textbearbeitung über ein beständiges Festlegungsmittel (Schrift) verfügt und daher über die einzelne Inszenierung hinaus weiterverwendet werden kann, während die szenische Bearbeitung an die vergängliche Erscheinung der Inszenierung geknüpft ist.

Ob diese Bearbeitungen schutzfähig sind, d. h. ob sie persönliche geistige Schöpfungen darstellen, richtet sich gemäß § 3 UrhG nach den allgemeinen urheberrechtlichen Grundsätzen. Das Originalwerk und die Bearbeitung müssen verglichen werden, und es muß abgewogen werden, ob die Bearbeitung lediglich auf routinemäßigen, handwerklichen oder im Verhältnis zum Gesamtwerk unbedeutenden Änderungen beruht oder ob sie individuelles Gedankengut des Bearbeiters zum Ausdruck bringt.

Inwieweit ist nun die Feststellung, daß das Bühnenwerk im Zuge der Inszenierung möglicherweise bearbeitet wird, für die Frage nach der Urheberrechtsfähigkeit der Inszenierung als solcher bedeutsam?

Nach einhelliger Meinung ist die Inszenierung von der Bearbeitung anläßlich einer Inszenierung zu unterscheiden[149]. Die Bearbeitung gehöre nicht zum Wesen einer Inszenierung, weil die normale werkgetreue Inszenierung nicht Formveränderung, sondern Formbewahrung anstrebe[150]. Die Inszenierung als solche sei also niemals Bearbeitung.

Zutreffend ist daran, daß die Inszenierung nicht notwendig die Form des Bühnenwerkes verändert. Ob diese Tatsache es rechtfertigt, jede Formveränderung anläßlich einer Inszenierung aus dem Inszenierungsbegriff auszuklammern, erscheint zweifelhaft. Allein der Umstand, daß fast jedes Theaterstück für seine Aufführung einer dramaturgischen Bearbeitung bedarf, zeigt, daß die Formveränderung — ob urheberrechtlich bedeutsam oder nicht, kann in diesem Zusammenhang dahinstehen — zu den typischen Aufgaben im Rahmen der Inszenierung gehört.

Umgekehrt ist die Formbewahrung kein Wesensmerkmal der Inszenierung. Schon der Ansatzpunkt, die normale Inszenierung sei werkgetreu, ist verfehlt.

---

[149] *Ulmer*, S. 142; *Meyer-Stapelfeld*, S. 23 mit weiteren Nachweisen.
[150] siehe oben S. 28.

Das Verhältnis des Theaters zur Literatur – Werktreue oder Freiheit gegenüber der dichterischen Vorlage – ist innerhalb der Theaterwissenschaft und der Theaterpraxis derart umstritten, daß nicht davon gesprochen werden kann, die werkgetreue Inszenierung sei der Normalfall.

Der Regisseur habe mit aller Gewissenhaftigkeit den Willen des Dramatikers zu erforschen, schreibt *Kutscher*[151], doch habe er ihn deswegen nicht zur alleinigen Richtschnur seiner Ausgestaltung zu machen. An einer bloßen Richtigkeit der Wiedergabe des Dichterwillens habe das Theater kein Interesse. Die Urfassung und die Wiedergabe eines Stückes müßten so verschieden sein wie die Persönlichkeit des Dramatikers und des Regisseurs[152].

Tairoff[153] schreibt[154]: „Ist die Bedeutung des Theaters wirklich die, ein Werk getreu zu interpretieren? Nein, die Aufgabe des Theaters ist eine gewaltige und autonome: es muß – unter Benutzung des Werkes seinen eigenen szenischen Absichten entsprechend – ein neues und eigenwertiges Kunstwerk schaffen ...". Der junge deutsche Regisseur *Neuenfels* erklärte in einem Interview[155], kein Autor habe je einen vollständigen Theaterabend geschrieben. Werktreue gebe es nicht. Wenn ein Stück nach der Uraufführung zu vitalen Variationen anregen könne, so halte er das für das beste Kompliment für jede Form von Literatur. *Gründgens* sagt dagegen[156]: „So wichtig die Tätigkeit des Regisseurs für das Theater ist – sie ist für die jeweilige Aufführung vielleicht die wichtigste –, so sehr hat gerade er immer wieder hinter dem Werk, das er schafft, zurückzutreten. Der gute Regisseur darf keine eigene Auffassung vom Werk haben, sondern es muß sein Talent ausmachen, daß er die Auffassung des Dichters wiedergeben kann."

Dieser Streit ist schon deshalb nicht verbindlich zu entscheiden, weil ein wesentlicher Grund für eine freiere oder dem Werk treuere Handhabung im jeweiligen Stück selbst zu finden ist. So darf z. B. die leichte Gattung von Theaterstücken wie Schwank, Posse, Gesellschaftsstück und Lustspiel im Interesse der szenischen Wirkung sicherlich unbedenklicher behandelt werden als das ernste Drama[157]. Die

[151] S. 224.
[152] vgl. auch *Stepun*, S. 13.
[153] Russischer Regisseur, 1885–1950.
[154] S. 67.
[155] „Der Spiegel", 23. Jg. 1969, Nr. 30, S. 106.
[156] S. 34.
[157] *Kutscher*, S. 225.

verschiedenen Ansichten zeigen jedenfalls, daß die dem Werk untreue Inszenierung keineswegs die seltene Ausnahme ist, die von der Rechtsordnung außer acht gelassen werden darf.

Im übrigen ist der Begriff Werktreue ungeeignet, objektives Merkmal einer formbewahrenden Regieleistung zu sein.

Werktreue heißt, den dichterischen Willen erforschen, um ihn in der Inszenierung möglichst vollkommen zu verwirklichen. Nun ist der Dichterwille nicht nur mitunter schwer festzustellen, sondern es bleibt auch die Frage unbeantwortet, wer darüber befindet, welches der wahre Dichterwille ist[158]. Die vielfach schwankende literaturwissenschaftliche Interpretation ist für das Theater sicherlich nur Ausgangs- und Anhaltspunkt. Letztlich entscheidet allein der Regisseur aus seiner Verantwortung der Dichtung gegenüber, was der Dichter gewollt haben mag. Da der Regisseur dies nicht als Wissenschaftler, sondern als Künstler tut, wird die Ausdeutung des Bühnenwerkes naturgemäß von seiner Individualität geprägt, die sein Bild von den Absichten des Dichters mit seinen eigenen Gefühlen, Empfindungen und Gedanken einfärbt und tönt[159]. Diese Erwägung liegt der Ansicht *Hagemanns* zugrunde, man könne ein Stück auf hunderterlei Weise richtig inszenieren, wobei jede Inszenierung an eine bestimmte Persönlichkeit geknüpft sei[160]. Das Gleiche meint der Dichter *Samuel Beckett*, wenn er anläßlich seiner Inszenierung seines Stückes „Endspiel" äußerte, es sei möglich, „Endspiel" ganz anders zu inszenieren, als er das tue[161].

Der Begriff der Werktreue kennzeichnet mithin nur die subjektive Beziehung des Regisseurs zum Bühnenwerk.

Schließlich bedarf der Satz, die werktreue Wiedergabe wolle die Form des Werkes bewahren, einer Einschränkung. In aller Regel soll nicht die Form, sondern der Sinngehalt der Dichtung erhalten bleiben. Freilich wird Werktreue in diesem Sinne in den meisten Fällen auch Formtreue bedeuten. Wenn aber eine ungeeignete Form das Verständnis des Werkes verschleiert, muß sie geändert werden. Die Wirkung des Dramas auf den Leser und auf den Zuschauer muß nicht die gleiche sein. Eine Szene, die im Buch fesselnd wirkt, kann auf der Bühne Langeweile auslösen. Um der Absicht des Dichters gerecht zu werden und

---

158 *Troller*, Jurisprudenz auf dem Holzwege, S. 72.
159 *Schwarz*, S. 40; siehe auch oben S. 37.
160 *Hagemann*, S. 150; ebenso: *Lion*, GRUR 1927, S. 298; *Meyer-Stapelfeld*, S. 43; vgl. auch *Simmel*, S. 347 f.
161 „Der Spiegel", 21. Jg. 1967, Nr. 39, S. 172.

die szenische Wirkung zu retten, muß in einem solchen Fall gekürzt, geändert oder umgestellt werden. Auch veränderte Zeitumstände können es erfordern, eine unverständlich gewordene Form zu verändern und anzupassen. Werktreue und Formtreue sind nicht identische Begriffe, im Gegenteil, Werktreue kann Formtreue ausschließen.

Zusammenfassend läßt sich feststellen: Die Formbewahrung ist nicht das regelmäßig angestrebte Ziel einer Inszenierung[162]. Dagegen ist die Formveränderung für eine Inszenierung typisch[163]. Deshalb ist eine urheberrechtlich bedeutsame Formveränderung, d. h. eine Bearbeitung im Sinne des § 3 UrhG, im Rahmen einer Inszenierung nicht ungewöhnlich. Schließlich fällt eine solche Bearbeitung unter den oben[164] abgegrenzten Begriff der Inszenierung, weil sie der Gestaltung der Aufführung zu dienen bestimmt ist.

Aus diesen Gründen darf bei der Prüfung der schöpferischen Natur der Inszenierungsleistung nicht der Teilbereich der Tätigkeit aus der Gesamterscheinung gelöst werden, der zu einer Bearbeitung des Bühnenwerkes geführt hat. Dies gilt um so mehr, als die Bearbeitung kein eigener Werktyp wie etwa das Schrift- oder Musikwerk ist, sondern es sich lediglich um die Bezeichnung für eine bestimmte Art formgebender, nämlich formverändernder Tätigkeit handelt. Abgesehen davon, läßt sich eine Trennung von inszenierender und bearbeitender Leistung bei der szenischen Bearbeitung praktisch kaum durchführen.

Das erste vorläufige Ergebnis der Untersuchung lautet also: Die Inszenierungsleistung ist dann schöpferisch, wenn sie auf einer Bearbeitung des Bühnenwerkes beruht, die ihrerseits eine persönliche geistige Schöpfung des Regisseurs darstellt (§ 3 UrhG).

D I 6 *„Werkgetreue" Inszenierung*

Damit ist noch nicht die Frage beantwortet, ob auch die Inszenierung, die keine Bearbeitung des Bühnenwerkes ist[165], eine schöpferische Leistung erfordert.

Die Inszenierung ist von dem Bühnenwerk abhängig. Das Urheberrechtsgesetz kennt drei Kategorien von abhängigen Leistungen[166]: Die

---

[162] siehe oben S. 43 ff.
[163] siehe oben S. 43.
[164] S. 10 ff.
[165] siehe oben S. 41 Fallgestaltung 4.
[166] *Möhring-Nicolini*, § 24 Anm. 2 f.

Vervielfältigung (§§ 15 Abs. 1 Ziff 1, 16 UrhG), die Umgestaltung (§ 23 UrhG) und die freie Benutzung (§ 24 UrhG).

Die Inszenierung ist weder eine Vervielfältigung noch eine freie Benutzung des Bühnenwerkes. Im Rahmen der vorstehend aufgeführten Kategorien abhängiger Leistungen kommt daher nur die Möglichkeit in Betracht, daß es sich bei der Inszenierung um eine Umgestaltung des Bühnenwerkes handelt. Unter den Oberbegriff „Umgestaltung" fallen die unfreie Benutzung[167] und die Bearbeitung (§§ 23, 3 UrhG). Da in diesem Abschnitt gerade die Fallgestaltung einer Inszenierung in Frage steht, die zu keiner Bearbeitung führt, muß es sich bei einer solchen Inszenierung um eine unfreie Benutzung handeln. Die unfreie Benutzung ist dadurch gekennzeichnet, daß sie keine schöpferische Leistung erfordert[168].

Daraus allerdings zu schließen, die Inszenierung, durch welche das Bühnenwerk nicht bearbeitet wird, sei nicht schöpferisch, hieße die Vielschichtigkeit der Inszenierung und ihre Andersartigkeit gegenüber dem schriftlichen Bühnenwerk außer acht lassen. In der Inszenierung treffen zwei verschiedene selbständige künstlerische Betätigungsweisen aufeinander[169]. Die künstlerische Arbeit des Regisseurs, die darauf gerichtet ist, mit den Mitteln des Theaters eine kunstvoll harmonische Aufführung zu gestalten, kreuzt sich mit der schöpferischen Tätigkeit des Dichters, der mit dem Mittel der Sprache ein dramatisches Werk schaffen will, an der Stelle, wo der Regisseur, um sein künstlerisches Anliegen verwirklichen zu können, das Ergebnis des dichterischen Schaffens zum Gegenstand seiner Arbeit macht.

Nur soweit der Regisseur im Rahmen seiner künstlerischen Tätigkeit das Werk des Dichters zur Verwirklichung seines Ziels benutzt, handelt es sich im Hinblick auf dieses Werk um eine unfreie Benutzung. Das bedeutet, daß alles, was mit diesem Werk in seiner literarischen Formgebung durch die Inszenierung geschieht, keine schöpferische Leistung erfordert. Ganz unabhängig davon ist die Frage, ob die künstlerische Leistung, die sich in der Inszenierung um dieses Werk rankt, schöpferisch ist oder nicht. Diese Leistung besteht darin, daß das literarische Werk durch die Anschaulichkeit der Aufführung ergänzt und mit anderen Werken (Bühnenbild, Musik, Tanz) und Leistungen (Darsteller) zu einer künstlerischen Gesamterscheinung ver-

---

[167] *Möhring-Nicolini*, § 23 Anm. 3 a.
[168] *Möhring-Nicolini*, § 24 Anm. 3 f. Ziff. 3.
[169] *Kutscher*, S. 66.

bunden wird. Zwar ist auch diese Leistung abhängig von dem dichterischen Werk, weil sie aus dessen Geist gestaltet wird. Diese Art der Abhängigkeit fällt jedoch nicht unter die gesetzlichen Kategorien abhängiger Leistungen. Abhängigkeit im Sinne dieser Kategorien setzt nämlich voraus, daß Gegenstand der Leistung das benutzte Werk selbst ist. Die Abhängigkeit, die hier in Frage steht, liegt dagegen darin, daß das in der Inszenierung benutzte Werk seinerseits andersartige künstlerische Leistungen, die ebenfalls zur Inszenierung gehören, anregt und beeinflußt.

Aus allem folgt: Die Abhängigkeit der Inszenierung vom Bühnenwerk schließt selbst dann, wenn die Formgebung des Bühnenwerks unangetastet bleibt, nicht aus, daß die Regieleistung schöpferisch sein kann. Unter anderem auch aus diesem Grunde trifft die Begründung, die Inszenierung als Wiedergabe des Bühnenwerkes könne nicht schöpferisch sein, weil die Schaffung des Bühnenwerkes bereits schöpferisch sei und an einem Geschaffenen nicht noch einmal der Vorgang des Schaffens wiederholt werden könne[170], ins Leere. Die darstellende Leistung vollzieht nicht einfach die schöpferische Leistung des Dichters nach, sondern sie baut auf ihr auf. Da es sich also bei der Schaffung eines Werkes und seiner Darbietung um künstlerische Betätigungsweisen auf verschiedenen Ebenen handelt[171], können beide Leistungen nicht in der Weise verknüpft werden, daß der schöpferische Charakter der einen notwendig die nichtschöpferische Art der anderen zur Folge hat. Der Satz, an etwas Geschaffenem kann nicht noch einmal der Vorgang des Schaffens wiederholt werden[172], kann lediglich für Vorgänge auf der gleichen Schaffensebene gelten.

Eine Inszenierung nach der Art der vierten der verschiedenen Einflußmöglichkeiten der Inszenierungsidee auf die Aufführung[173] ist aus zweifachem Grunde Ergebnis einer schöpferischen Leistung.

Die Inszenierungsidee, die plastische Idee des Werkes also, findet unter anderem ihren Ausdruck in allen schon mehrfach genannten Bereichen der Aufführung in einer Unzahl kleiner Einzelheiten, die alle nicht unmittelbar, d. h. notwendig oder natürlich, aus der Handlung folgen. Jede dieser Einzelheiten für sich ist nur ein höchst unvollstän-

---

[170] *Pfitzner*, S. 20 f.; *Meyer-Stapelfeld*, S. 46; *Möhring*, S. 19; *Overath*, S. 44; *Ulmer*, S. 141; *Bussmann-Pietzcker-Kleine*, S. 472.

[171] *Simmel*, S. 345; *Kutscher*, S. 66.

[172] siehe FN 170.

[173] siehe oben S. 41.

diger und daher auch unverständlicher Ausdruck des ihr zugrundeliegenden Gedankens. Sie ist daher urheberrechtlich ebenso bedeutungslos wie das einzelne Wort einer Dichtung oder der einzelne Pinselstrich eines Gemäldes. Alle diese Einzelheiten zusammen bedeuten aber eine zusätzliche, an die Form des Bühnenwerkes angelehnte und mit ihr verknüpfte „Formulierung" der Inszenierungsidee und damit auch der in dieser enthaltenen durch die Sicht des Regisseurs individuell getönten dichterischen Idee mit den dem Theater eigentümlichen Ausdruckselementen.

In dieser das Bühnenwerk erweiternden Formgebung erschöpft sich die Regieleistung jedoch noch nicht. Die Aufführung eines Bühnenwerkes vereinigt eine Vielzahl von künstlerischen Einzelleistungen. Dazu gehören zunächst das Stück selbst, das Bühnenbild, unter Umständen die Bühnenmusik, die Choreographie, aber auch die Leistungen der einzelnen Darsteller. Die Gestaltung der einzelnen Beiträge steht unter dem richtunggebenden Einfluß der Inszenierungsidee, d. h. alle individuellen Einzelleistungen werden von dem Regisseur auf diese Idee, für deren einheitliche Verwirklichung er einzustehen hat, hin abgestimmt. Die allen Leistungen gemeinsame Idee begründet den geistigen Zusammenschluß der einzelnen Aufführungsbeiträge zu einer Einheit. Die sinnliche Erscheinung und Bestätigung findet diese Einheit wiederum in den unzähligen kleinen Ergänzungen, die das Bühnenwerk in einer Aufführung erfährt. Diese über alle Bereiche der Aufführung verstreuten, der einheitlichen Inszenierungsidee entspringenden, ergänzenden Einzelheiten bilden die sinnlich wahrnehmbaren Verbindungspunkte, die auch äußerlich die Teilbereiche der Aufführung zu einem geschlossenen Ganzen verschmelzen.

Daß die Inszenierung tatsächlich eine eigene alle in sie eingehenden Leistungen umspannende Form aufweist und nicht nur eine Nebeneinanderstellung dieser Leistungen bedeutet, zeigt der Gedanke an eine Aufführung, die ohne die künstlerische Tätigkeit eines Regisseurs zustande gekommen ist. Selbst wenn alle Mitwirkenden einer regielosen Aufführung hohe künstlerische Begabung besäßen und der einwandfreie technische Ablauf durch die organisatorische Leistung eines Inspizienten gewährleistet wäre, müßte eine solche Aufführung zwangsläufig in künstlerische Zusammenhanglosigkeit auseinanderfallen[174], weil Idee und Form eines Bühnenwerkes allein nicht ausreichen, eine Vielzahl individueller und verschiedenartiger Leistungen zu vereinen.

---

[174] *Mahnke*, S. 35 f.; *Troller*, Immaterialgüterrecht, S. 502.

Die geschlossene Erscheinung der Inszenierung beruht auf einer ordnenden und gestaltenden Leitung, die die dichterische Idee einheitlich in die Ausdruckselemente des Theaters überträgt. Diese Gestaltung ist Formgebung, weil sie die vielen einzelnen Bestandteile der Aufführung, die sonst verhältnismäßig beziehungslos zueinander stehen würden, in der Weise formt und zusammenfügt, daß sie eine ästhetische Einheit bilden. Insofern gleicht die Inszenierung einem Mosaik, bei welchem nicht nur die Einfügung des einzelnen Steinchens in die vorgedachte Form, sondern auch die Form des Steinchens selbst um der Harmonie des Ganzen willen mitgestaltet wird.

Damit kann die Regietätigkeit, wie sie oben[175] unter Ziffer 4 beschrieben worden ist, in zwei Richtungen formgebend, d. h. schöpferisch im urheberrechtlichen Sinne sein. Sie ist einmal formgebend, weil sie parallel zur Formgebung der dichterischen Idee durch die Sprache im Bühnenwerk die Inszenierungsidee mit den Ausdruckselementen Farbe, Licht, Bewegung und Geräusch in der Aufführung formt. Sie ist zum anderen formgebend, weil sie zugleich und durch die erste Formgebung die Verknüpfung aller Einzelleistungen einer Aufführung zu einem Gesamtgebilde bewirkt und damit eine umfassende Form, die Form der Inszenierung, schafft.

Dieses Ergebnis ist zugleich der Nachweis, daß die Wiedergabe eines Werkes kein Tatbestand ist, der eine schöpferische Leistung ausschließt. Formgebende, also schöpferische Tätigkeit und wiedergebende oder werkvermittelnde Tätigkeit können untrennbar miteinander verbunden sein[176]. Der Begriff der Wiedergabe ist nämlich ein untechnischer Begriff mit unscharfen Grenzen. Er umfaßt z. B. bei einem Bühnenwerk so verschiedenartige Sachverhalte wie die Vervielfältigung des Textes, das Vorlesen oder das Lesen mit verteilten Rollen, die Sendung im Rundfunk, die Aufführung auf der Bühne, die Sendung im Fernsehen wie die Verfilmung oder die Veröffentlichung einer Bearbeitung. Ebenso wie die Wiedergabe einer Bearbeitung zugleich die Wiedergabe des Originalwerkes ist[177], obwohl dieses durch eine schöpferische Leistung verändert worden ist, ist die Aufführung die Wiedergabe des Bühnenwerkes, obwohl es durch eine schöpferische Leistung ergänzt und in eine umfassende Form eingefügt worden ist. Die Tatsache der Wiedergabe besagt also nichts darüber, ob das

---

[175] siehe oben S. 41.
[176] *Möhring*, S. 19.
[177] *Ulmer*, S. 215.

wiedergegebene Werk schöpferisch verändert worden ist, ob es durch eine zusätzliche Formgebung, die sich an einem anderen Formgut vollzieht, ergänzt worden ist oder ob es durch eine übergeordnete Formgebung Teil einer neuen umfassenden Form geworden ist. Daher schließt der Umstand, daß die Aufführung die Wiedergabe des Bühnenwerkes ist, eine schöpferische Leistung bei der Gestaltung der Aufführung nicht aus. Da zudem die Inszenierungsleistung zugleich die Wiedergabe und die schöpferische Ergänzung bewirkt, ist eine Trennung in schöpferische und wiedergebende Tätigkeit, wie sie bei der Wiedergabe einer Bearbeitung möglich ist, nicht durchzuführen.

Ferner erweist sich Elsters Abgrenzung mit Hilfe der Begriffe „natürliches" und „gewillkürtes Ausdrucksmittel" als zu eng. *Elster* versteht nämlich unter einem gewillkürten Ausdrucksmittel allein die in schöpferischer Weise formverändernde Inszenierung[178], die er nicht als Bearbeitung bezeichnet, weil er von dem engen Bearbeitungsbegriff ausgeht[179], der eine Formveränderung durch die szenische Gestaltung nicht erfaßt[180].

Schließlich geht auch die einschränkende Voraussetzung, eine Inszenierung sei nur dann schöpferisch, wenn sie eine in dem Bühnenwerk als Möglichkeit nicht vorhandene Idee verkörpere[181], zu weit. Nicht die Idee als solche, sondern die formulierte Idee wird geschützt. Selbst wenn eine bestimmte Idee bereits in dem Bühnenwerk enthalten ist, kann ihre zusätzliche Gestaltung mit den Ausdruckselementen der Bühne eine schöpferische Formgebung sein.

Die Aufführung ist also das Ergebnis zweier schöpferischer Leistungen, die beide einander bedürfen, um sich in ihrem Ausdrucksmittel verwirklichen zu können. Die eine Leistung ist die Leistung des Dichters, der aus den Eindrücken und Anregungen der realen Umwelt und des allgemeinen Geistesgutes heraus seine individuellen Gedanken und Gefühle im Bühnenwerk formt. Die andere Leistung ist die des Regisseurs, der, ebenfalls beeinflußt durch die Umwelt, das allgemeine Geistesgut und sein individuelles Wesen, das Werk des Dichters zum Gegenstand nimmt, um seine persönlichen Vorstellungen und Empfindungen, die er in diesem Werk entdeckt hat, in der künstlerischen Erscheinung der Aufführung zum Ausdruck zu bringen. Ohne

---

[178] *Elster*, UFITA 1929, S. 276; 1930, S. 578; *Dienstag-Elster*, S. 77, 79.
[179] *Elster*, UFITA 1930, S. 576.
[180] siehe oben S. 42.
[181] *Telser*, S. 28; siehe auch oben S. 27 f.

die eine Leistung kann sich die andere nicht verwirklichen. Ihr wechselseitiger Einfluß rührt daher, daß das Bühnenwerk nur unvollkommen festgelegt werden kann. Es bedarf der Ergänzung in der Anschaulichkeit. Wie diese Anschaulichkeit zu gestalten ist, folgt teils unmittelbar, zum größeren Teil aber nur mittelbar und nur andeutungsweise aus dem Werk. Deshalb kann auch umgekehrt die in bestimmter Weise gestaltete Anschaulichkeit rückwirkend den Sinngehalt des Werkes verändern oder vertiefen. Die Gestaltung der Anschaulichkeit aus einer Idee und aufgrund eines Willens schafft auf dem Wege über die Abstimmung aller Einzelbereiche aufeinander die ästhetische Einheit der Inszenierung. Die Aufführung ist also sowohl Ausdrucksmittel des Bühnenwerkes als auch der Inszenierung. In ihr erscheinen miteinander verknüpft Vorstellungsbilder und Gedankengut des Autors und des Regisseurs.

D I 7 *Schöpferische und nichtschöpferische Inszenierungen*

Die bisherige Untersuchung hat gezeigt, daß die Inszenierung schöpferisch sein kann. Die Inszenierungsleistung ist dann schöpferisch, wenn sie das Bühnenwerk bearbeitet. Sie ist ferner dann schöpferisch, wenn die Ergänzungen, die eine Aufführung erfordert, in ihrer Gesamtheit Ausdruck einer Idee sind und dadurch die Werke und Leistungen, die Bestandteil einer Aufführung sind, zu einer künstlerischen Einheit verbunden werden.

Es gilt nun zu prüfen, ob nicht jede Inszenierung eine dieser Voraussetzungen erfüllt, so daß eine Inszenierung, die keine schöpferische Leistung erfordert, nicht denkbar wäre.

Die Verwirklichung der Aufführung verlangt Ergänzungen[182]. Diese Tatsache besagt nichts über die Natur der ergänzenden Tätigkeit. Es gibt Ergänzungen, die nicht schöpferisch[183] und solche die schöpferisch[184] sind. Daher besteht von vornherein die Möglichkeit, daß die Inszenierungsleistung nicht schöpferisch sein muß.

Tatsächlich kommen nichtschöpferische Inszenierungen in der Praxis häufiger vor, als das nach den bisherigen Ausführungen[185] zunächst

[182] siehe oben S. 32.
[183] siehe oben S. 36.
[184] siehe oben S. 48 ff.
[185] siehe oben S. 40 ff.

den Anschein haben mag. Bei den Inszenierungen, die die Form des Bühnenwerkes verändern, liegt eine schöpferische Leistung nur dann vor, wenn die Formveränderung so erheblich ist, daß sie die Voraussetzung einer Bearbeitung (§ 3 UrhG) erfüllt. Andernfalls liegt im Hinblick auf das Bühnenwerk lediglich eine nichtschöpferische unfreie Benutzung vor[186].

Schwieriger zu beantworten ist die Frage, wo die Grenze zur schöpferischen Leistung bei den Inszenierungen liegt, die keine Bearbeitung des dichterischen Werkes darstellen. Praktisch sehr selten wird der Fall sein, daß die Gestaltung der Aufführung allein auf zwingenden oder natürlichen Ergänzungen[187] beruht und daher eine schöpferische Leistung ohnehin nicht in Betracht kommt. Aber auch wenn einzelne oder eine Vielzahl von Ergänzungen nicht zwingend oder natürlich aus dem Stück folgen, bedeutet das noch nicht, daß deshalb die Inszenierungsleistung insgesamt schöpferisch sein muß. Der einzelne Regieeinfall kann nicht den schöpferischen Charakter der Gesamtleistung begründen. Nachdem feststeht, daß die Inszenierung grundsätzlich schöpferisch sein kann, erweisen sich jedoch dafür, ob die Inszenierung die Schwelle der schöpferischen Leistung erreicht, diejenigen Merkmale des urheberrechtlichen Werkes als brauchbare Kriterien, die die Qualität des Werkes beschreiben[188]. Danach ist die Inszenierung dann nicht schöpferisch, wenn sie — im Vergleich zum Gemeingut — nicht individuell und eigentümlich[189] ist. Der umfassende Begriff des Gemeinguts konkretisiert sich bei einem solchen Vergleich auf bekannte Inszenierungsweisen, insbesondere aber auf die überlieferten Inszenierungsmodelle des betreffenden Werkes. Da die Inszenierung vom Bühnenwerk abhängig, d. h. von vornherein in gewissen Grenzen festgelegt ist, ergibt sich in weit höherem Maße als etwa bei unabhängigen Werken die Möglichkeit, daß die für ein urheberrechtliches Werk erforderliche Individualität nicht erreicht wird.

D II Erfordernis der Objektivation

Die schöpferische Leistung ist die eine Voraussetzung des urheberrechtlichen Werkbegriffs. Er setzt weiter voraus, daß die schöpferische Leistung sich auch ihrem Schöpfer gegenüber objektiviert[190].

---

[186] siehe oben S. 47.
[187] siehe oben S. 36.
[188] siehe oben S. 16 f.
[189] siehe oben S. 16 f.
[190] siehe oben S. 23 f.

Der Objektivation der Inszenierung steht nicht entgegen, daß die Inszenierungsleistung vom Bühnenwerk abhängig, mit diesem unlösbar verknüpft ist. Insoweit geht die gegenteilige Ansicht *Ellingers*[191] fehl. Auch die schöpferische Leistung der Bearbeitung ist untrennbar mit dem bearbeiteten Werk verbunden. Dennoch bestehen an der Schutzfähigkeit von Bearbeitungen keine Zweifel (§ 3 UrhG).

Das Ausdrucksmittel der Inszenierung, die Aufführung, ist flüchtig. Verfügt ein Werk über ein flüchtiges Ausdrucksmittel, so gewinnt es unabhängig von seinem Schöpfer nur Bestand durch seine Wiederholbarkeit. Die Aufführung ist grundsätzlich ebenso wiederholbar wie das Spielen eines Musikstückes wiederholbar ist. Der Unterschied zwischen dem Musikwerk und der Inszenierung besteht darin, daß das Musikwerk jederzeit und von jedem beliebigen Orchester oder Musiker wiederholt werden kann, während die Wiederholung der Aufführung einer Inszenierung an eine bestimmte Gruppe von Darstellern gebunden und daher nur für eine begrenzte Zeit möglich ist. Der Grund dafür liegt in der fehlenden bzw. unvollkommenen Festlegungsmöglichkeit einer Inszenierung, so daß nur diejenigen Personen die Inszenierung verwirklichen können, die vom Regisseur selbst eingewiesen worden sind.

Fraglich ist zunächst, ob die zeitlich begrenzte Wiederholbarkeit die Objektivation der Inszenierung hindert, mit anderen Worten, ob der Bestand, den die Inszenierung durch ihre beschränkte Wiederholbarkeit ihrem Urheber gegenüber gewinnt, überhaupt von so ausreichender Dauer ist, daß man von einer Verselbständigung sprechen kann.

Sicherlich ist nicht ein ewiger Bestand notwendig, sonst wären Kunstwerke aus verfallendem Material keine Werke im urheberrechtlichen Sinne. Für welche Zeit aber ein Werk selbständig bestehen muß, um als Werk, als objektiviertes Gedankengut, gelten zu können, läßt sich nur nach dem Sinn, der dem Erfordernis der Objektivation zugrunde liegt, beantworten.

Das Urheberrecht will die geistigen und persönlichen Beziehungen des Urhebers zu seinem Werk im Verhältnis zu Dritten schützen. Derartige schutzfähige Beziehungen können nur bestehen, wenn sich das Werk seinem Urheber gegenüber verselbständigt hat. Aus der Schutzabsicht des Urheberrechts heraus muß man umgekehrt folgern, daß eine Verselbständigung immer dann eintritt, wenn zwischen dem Urheber

---

[191] *Ellinger*, S. 57 f., siehe oben S. 29.

und seinem Werk eine störfähige und daher auch schutzbedürftige Beziehung entsteht.

Eine in diesem Sinne schutzfähige Beziehung besteht zwischen der Inszenierung und ihrem Urheber. Ein Stück bleibt in der Regel mehrere Wochen oder Monate, an manchen Theatern sogar über Jahre auf dem Spielplan. In dieser Zeit können die persönlichen und geistigen Beziehungen des Urhebers zu seiner Inszenierung z. B. dadurch gestört werden, daß diese verändert wird. Andere räumliche Verhältnisse bei Gastspielen können bereits solche Veränderungen bewirken.

Die beschränkte Wiederholbarkeit, die zeitlich begrenzte Verselbständigung der Inszenierung also, reicht aus, um die Voraussetzung der Objektivation zu erfüllen.

Eine andere Frage ist, ob es die Objektivation hindert, daß die Inszenierung in ihrem Fortbestand von den einzelnen Darstellern abhängig ist.

Objektivation bedeutet Vergegenständlichung. Der geistige Gehalt wird durch die Objektivation gegenständlich. Die Verknüpfung der Inszenierung mit der Individualität der einzelnen Mitwirkenden scheint dieser Gegenständlichkeit eines Werkes zu widersprechen. Gegenständlichkeit darf jedoch nicht mit Materialität im engen Sinne gleichgesetzt werden. Gegenständlich ist jeder sinnlich wahrnehmbare Ausdruck, den der individuelle Geist findet. Daher sind auch Bewegung, Gestik, Mimik und Ton Formen der Vergegenständlichung. Daß diese Formen der Vergegenständlichung ihrerseits einzelner Individuen zu ihrer Verwirklichung bedürfen, steht der Objektivation nicht entgegen. Die Objektivation betrifft nur das Verhältnis von Urheber und Werk, d. h. der Person des Urhebers gegenüber muß sich der geistige Gehalt verselbständigen, was nicht mit Unabhängigkeit von jeglicher Persönlichkeit gleichbedeutend ist. Auch ein Musikwerk bedarf zur Aufführung der Musiker. Wenn die Objektivation eines Musikwerkes dennoch nicht angezweifelt wird, so vermutlich deshalb, weil es in der Notenschrift über ein Festlegungsmittel verfügt. Nicht jedoch das Festlegungsmittel, sondern die Wiederholbarkeit bewirkt die Objektivation[192]. Die Wiederholbarkeit aber ist bei der Inszenierung gegeben. Deshalb ist auch der zweite Einwand *Ellingers*[193], die Abhängigkeit der Inszenierung von Einzeldarstellern schließe eine Objektivation aus, unbegründet.

---

[192] *Schramm*, Grundlagenforschung, S. 29 ff.
[193] *Ellinger*, S. 57, siehe auch oben S. 29.

D III Inszenierungswerk und Urheberrechtsordnung

Die Inszenierung als Werk im Sinne des § 2 UrhG fügt sich widerspruchslos in die urheberrechtliche Landschaft ein. Die Anerkennung eines Inszenierungswerkes befindet sich im Einklang mit den Entscheidungen, die das Gesetz für verwandte oder vergleichbare Tatbestände getroffen hat. Sie widerspricht nicht der systematischen Trennung von Werk und Leistung. Sie stimmt mit Sinn und Zweck des Urheberrechts überein.

D III *1* *Regelung verwandter bzw. vergleichbarer Tatbestände im Urheberrechtsgesetz*

Von den im Gesetz ausdrücklich genannten Werken steht das Filmwerk wesensmäßig der Inszenierung am nächsten. Die urheberrechtlichen Fragen, die sich um den Film ranken, gehören zu den umstrittensten des gesamten Urheberrechts. Um nachzuweisen, daß die gesetzliche Regelung für das Filmwerk für eine Anerkennung der Inszenierung als Werk spricht, bedarf es allerdings nicht einer ausführlichen Auseinandersetzung mit diesem Streit, die zudem den Rahmen dieser Untersuchung sprengen würde.

Mit der Aufnahme des Filmwerks in den Katalog des § 2 (Abs. 1 Nr. 6) und mit der Sonderregelung der §§ 88 ff. zeigt das Urheberrechtsgesetz zunächst, daß es neben dem Sammelwerk (§ 4 UrhG), dem gemeinschaftlichen Werk (§ 8 UrhG) und der Werkverbindung (§ 9 UrhG) noch eine Verbindung von Werken und Leistungen gibt, die ihrerseits ein einheitliches Gesamtwerk oder Gesamtkunstwerk eigener Art bildet[194]. Das Filmwerk ist kein Sammelwerk, weil es nicht Werke der gleichen Werkgattung verbindet. Es ist kein gemeinschaftliches Werk, weil es nicht von den einzelnen an seiner Entstehung Beteiligten gemeinsam geschaffen wird; vielmehr erbringt jeder der Beteiligten einen auf seinen Bereich beschränkten Beitrag, der durch eine weitere Leistung mit den anderen Beiträgen zu einer Einheit zusammengefügt wird. Das Filmwerk geht schließlich über die Werkverbindung i. S. des § 9 UrhG hinaus, weil durch die Verbindung ein neues selbständiges Werk entsteht, das neben den Urheber- und Leistungsschutzrechten

---

[194] Amtl. Begründung bei *Haertel-Schiefler*, S. 128; *Haeger*, UFITA 1958, S. 290; *Ulmer*, S. 136; *Fromm-Nordemann*, § 2 Anm. 15; *von Gamm*, § 2 Anm. 23; *Riedel*, § 2 UrhG, S. 3.

für die einzelnen Beiträge ein eigenes Urheberrecht begründet. Insoweit besteht wiederum eine Ähnlichkeit zum Sammelwerk.

Die Inszenierung weist insofern das gleiche Gefüge wie das Filmwerk auf, als sie ebenfalls eine Mehrzahl von Werken und Leistungen zu einer übergeordneten künstlerischen Einheit verbindet. Da das Gesetz mit dem Filmwerk ein solches Gebilde als Werk eigener Art anerkannt hat, liegt es nahe anzunehmen, daß auch die Inszenierung ein Werk im urheberrechtlichen Sinne sein kann.

Durch § 89 Abs. 3 stellt das Urheberrechtsgesetz klar, daß das Drehbuch zu den vorbestehenden Werken eines Filmwerkes gehört. Der Verfasser des Drehbuchs ist also entgegen einer früher in der Literatur vertretenen Meinung[195] nicht zu den Urhebern des Filmwerkes zu zählen. Das bedeutet, daß die schöpferische Leistung des Filmwerkes in der filmischen Ausführung des Drehbuches zu suchen ist. Schon hier, im äußeren Werdegang bietet sich der Vergleich mit der Inszenierung an. In beiden Fällen handelt es sich um die sinnliche Darstellung eines vorbestehenden literarischen Werkes, deren Verwirklichung jeweils eine schöpferische Leistung erfordert bzw. erfordern kann.

Über die äußere Gleichartigkeit hinaus sind aber auch der schöpferische Vorgang beim Filmwerk und bei der Inszenierung eng miteinander verwandt[196]. Die schöpferische Leistung beim Filmwerk offenbart sich in drei Bereichen: Sie liegt erstens in der Gestaltung des aufzunehmenden Vorganges einschließlich der Auswahl oder Gestaltung des Hintergrundes unter Berücksichtigung von Licht-, Farb- und Kontrastwirkungen. Sie liegt zweitens in der Handhabung der Kamera und der Ausnutzung ihrer technischen Möglichkeiten durch Überblendungen, durch Veränderungen der Bildschärfe, durch fließende Übergänge von Fern- auf Nah- oder Großaufnahmen oder umgekehrt und durch Kamerabewegungen. Sie liegt schließlich in der Auswahl, Anordnung und Zusammenstellung der Bild- und Tonfolgen durch Schnitt und Montage.

Die aufnahmetechnischen Möglichkeiten sowie Schnitt und Montage bilden die dem Film eigentümlichen Ausdruckselemente. Ihre vollkommene Anwendung allein begründet noch keine schöpferische Leistung.

---

[195] *Ulmer*, GRUR Ausl. Int. 1953, S. 190; *Ulmer*, S. 178 f.; *Hubmann*, Filmrecht, S. 11.

[196] *Hubmann*, Filmrecht, S. 12.

Das zeigt das Gesetz durch die Unterscheidung von Filmwerken und Laufbildern (§§ 88 ff. und 95 UrhG). Laufbilder sind nichtschöpferische Bildfolgen, wie z. B. Dokumentar- und Naturfilme oder die filmische Aufzeichnung von Theateraufführungen[197].

Schöpferisch wird der Gebrauch dieser filmtechnischen Mittel dann, wenn durch sie ein selbständiges Gedankengut zum Ausdruck gebracht wird. Dieses Gedankengut entspringt dem aufzunehmenden Vorgang bzw. der darzustellenden Fabel. Die künstlerische Anwendung der besonderen filmtechnischen Ausdrucksmöglichkeiten führt also nur in enger Verbindung mit dem Darstellungsgegenstand und dem diesem zugrundeliegenden Ideengehalt zu einer schöpferischen Leistung. Das bedeutet, daß die Gestaltung des aufzunehmenden Vorganges und seine Aufnahme unter Ausnutzung der filmeigentümlichen Ausdrucksmöglichkeiten nur gemeinsam die filmschöpferische Leistung begründen können. Denn bereits die Anordnung und Gestaltung des Stoffes, Szenenführung und -aufteilung, Motivwahl und Bildkomposition, Licht- und Farbwirkungen müssen auf die filmischen Ausdrucksmöglichkeiten zugeschnitten sein, um die künstlerische Einheit des Filmwerks zu bewirken, die ihren Grund darin findet, daß sowohl die szenische als auch die filmtechnische Gestaltung aus einer einheitlichen Idee fließen. Folgerichtig zählt die amtliche Begründung[198] die Aufzeichnung von Theateraufführungen zu den nichtschöpferischen Laufbildern, denn hierbei handelt es sich lediglich um die filmtechnische Fixierung eines Vorgangs, dessen künstlerisch-szenische Gestaltung bereits abgeschlossen ist.

Die filmschöpferische Leistung liegt also in der gesamten filmischen Verwirklichung des vorbestehenden Drehbuches. Diese Leistung ist aus zweifachem Grunde schöpferisch. Einmal vermag das Drehbuch als Schriftwerk nur sehr unvollkommen den Gedankengehalt der Filmdichtung in der Form zum Ausdruck zu bringen, die er in den filmeigentümlichen Ausdruckselementen erlangt[199]. Die filmische Verwirklichung des Drehbuchs bedarf daher der Ergänzung. Soweit diese Ergänzungen nicht zwingend oder natürlich aus dem Drehbuch folgen, sind sie in ihrer Gesamtheit schöpferisch, weil sie dem Drehbuch gegenüber eine neue Formgebung des zugrundeliegenden Ideengutes bilden. Zum anderen bewirkt die Formung aller Ergänzungen aus der

---

[197] Amtl. Begründung bei *Haertel-Schiefler*, S. 339, 355; *Hubmann*, Filmrecht, S. 9; *von Gamm*, § 2 Anm. 23.

[198] bei *Haertel-Schiefler*, S. 355.

[199] *Berthold-v. Hartlieb*, S. 32.

Vorstellungswelt einer künstlerischen Persönlichkeit die Verschmelzung der bei der Verfilmung benutzten Werke und erbrachten Leistungen zu einer Einheit[200].

Die gleichen Umstände begründen die schöpferische Inszenierungsleistung. Auch das Bühnenwerk bedarf zur Aufführung der Ergänzungen, weil es als Schriftwerk nur sehr unvollkommen den Gedankengehalt in der Form zum Ausdruck bringen kann, die er in den bühneneigenen Ausdruckselementen erlangt[201]. Diese Ergänzungen können in ihrer Gesamtheit schöpferisch sein, und ihre von einem künstlerischen Willen getragene Gestaltung ruft die ästhetische Einheit der Inszenierung hervor. In beiden Fällen handelt es sich um die sinnliche Verwirklichung einer literarischen Vorlage, deren beschränkte begriffliche Ausdrucksmöglichkeit zwangsläufig für ihre anschauliche Gestaltung einen derart weiten Spielraum läßt, daß ihre Darstellung in aller Regel nicht mehr als schlichte ausführende und vollziehende Leistung anzusehen ist.

Der Unterschied in der dramatischen Struktur des Films und des Theaterstücks – Träger der Handlung ist einmal vorrangig das Bild, zum anderen in erster Linie das Wort –, der vielfach zur Begründung einer abweichenden urheberrechtlichen Behandlung von Film und Inszenierung herangezogen wird[202], rechtfertigt diese ungleiche Würdigung nicht.

Der Satz, Träger der Handlung sei beim Bühnenwerk das Wort, gilt zwar für das Theater im herkömmlichen Sinne; durch die Bedeutung des Wortes für den dramatischen Ablauf wird aber der Wert und das Gewicht der gerade dem Theater wesentlichen und eigentümlichen Anschaulichkeit nicht gemindert. Mit dem Satz von der tragenden Rolle des Wortes wird nämlich nur die dramatische Struktur des Bühnenwerkes gekennzeichnet. Die dramatische Entwicklung auf der Bühne beruht im Gegensatz zum Filmwerk in erster Linie auf dem Dialog und nur in beschränktem Umfange auf Aktionen, die, durch die Szenenaufteilung immer wieder unterbrochen, sprunghaft und ausschnittweise die dramatische Linie ergänzen und beleben, aber nicht darstellen.

---

[200] Amtl. Begründung bei *Haertel-Schiefler*, S. 128; *Fromm-Nordemann*, § 2 Anm. 15; *Riedel*, § 2 UrhG, S. 3.

[201] siehe oben S. 31 f.

[202] siehe oben S. 28 f.

Davon unabhängig ist aber, daß der Dialog und die ergänzende Aktion zu voller Anschaulichkeit erhoben und durch diese Anschaulichkeit ausgedeutet und erläutert werden müssen. Gerade darin liegt die Aufgabe des Theaters, und gerade sie verlangt überhaupt den Regisseur. Nur das berechtigt *Hagemann* zu sagen, der Regisseur sei im wesentlichen Bildner, der nicht nur die Dekoration als feststehenden, nur durch die Beleuchtung wandelbaren Rahmen schaffe, „sondern für jeden Augenblick das zugehörige bewegliche und sprechende Bild nach den jeweiligen dichterisch-malerischen Werten“[203].

Darüber hinaus hat das Wort in weiten Bereichen des modernen Theaters seine tragende Rolle verloren und ist als ein Theatermittel unter anderen zu einer Art Begleitmusik herabgesunken. Diese „parasitäre Verwendung“ des Wortes, wie *Ionesco* es ausdrückte[204], ist die Folge einer neuen Theatersprache, die durch Bild, Bewegung und Symbole beherrscht wird. Unter anderen ist in den späten Stücken *Genets* und *Audibertis* – beeinflußt durch *Artaud*[205] – die Entfesselung aller theatralischen Mittel zu beobachten[206]. Selbst *Tennessee Williams*, ein Vertreter des spätrealistischen Worttheaters, hat unter dem Einfluß von *Elia Kazan* und *Piscator* in „Camino Real“ einen Versuch in dieser Richtung unternommen[207]. In dem Nachwort zu diesem Schauspiel, in dem er ein „Theater zum Sehen und Fühlen“ fordert, schreibt er: „Meiner eigenwilligen Meinung nach ist ein Theaterstück als Buch nur der Schatten, und nicht einmal ein klarer Schatten des Stückes“[208]. Völlig auf das Wort verzichtet schließlich *Peter Handke* in seinem experimentellen Stück „Das Mündel will Vormund sein“[209].

Die Entliterarisierung des Theaters, die der Commedia dell'arte verwandte Betonung der artistischen und mimischen Momente, die Entfesselung von Licht, Farbe, Form und Bewegung, gehen zurück auf Ideen zur Erneuerung des Theaters, die in ihren Ursprüngen bis in die letzten Jahre des vorigen Jahrhunderts reichen. So nannte *Appia*[210] die Inszenierung ein Bild, welches in die Zeit komponiert sei[211].

---

[203] *Hagemann*, S. 137.
[204] *Kesting*, S. 162.
[205] Französischer Schauspieler, Regisseur und Schriftsteller, 1896–1948.
[206] *Schwarz*, S. 112.
[207] *Kesting*, S. 162.
[208] *Williams*, S. 113.
[209] Frankfurt a. M. 1969.
[210] Schweizer Bühnenbildner und Theaterreformer, 1862–1928.
[211] *Schwarz*, S. 110.

Craig[212] forderte den Vorrang des Sehens auf der Bühne, da ihm Bewegung und Gebärde wichtiger erschienen als das Wort des Dichters, weshalb er in der Inszenierung ein Gesamtkunstwerk von Malerei, Tanz und Geste anstrebte[213]. *Meyerhold*[214], der literarische Vorlagen mit großer Willkür bearbeitete, schaffte auf der Bühne durch Licht, Tanz, Musik Gesang, artistische Einlagen, Exzentrik und einem gleichzeitig mitbewegten Bühnenapparat aus fahrbaren Spielflächen, Kränen, Schwungrädern, Drehscheiben und Projektionen eine „Symphonie motorischer Unrast"[215]. Auch *Piscator* muß in diesem Zusammenhang erwähnt werden und ebenso *Tairoff*, der die Befreiung von der Vormundschaft der Literatur und die Eigenständigkeit des reinen Theaters im Sinne der Commedia dell'arte forderte[216]. Diese Experimente und Bestrebungen haben bleibenden Einfluß auf die Entwicklung der Regiekunst und des modernen Dramas genommen, indem sie die Erkenntnis vermittelten, daß Licht, Farbe, Musik, Geräusche und Bewegung selbständige und wesentliche Ausdruckselemente des Theaters sind.

Darüberhinaus ist der Unterschied in der dramatischen Struktur des Films und des Theaterstücks auch deshalb kein Grund für eine abweichende urheberrechtliche Behandlung von Film und Inszenierung, weil dieser Unterschied nicht in den Bereich der Verwirklichung von Drehbuch und Bühnenwerk fällt, sondern bereits in den vorbestehenden Werken enthalten ist. So beschränkt sich der Bühnenautor im allgemeinen auf wenige und zudem vom Regisseur vielfach unbeachtete szenische Anmerkungen, während das Drehbuch bereits eine genaue Beschreibung der einzelnen Bildszenen und ihrer Aufeinanderfolge enthält[217].

Eine unterschiedliche rechtliche Behandlung von Film und Inszenierung führt schließlich noch zu folgender Abgrenzungsschwierigkeit: Die Regeln des Filmrechts (§§ 88 ff. UrhG) finden auch auf das Fernsehen Anwendung, und zwar ohne Unterschied, ob es sich um die Sendung einer Aufzeichnung oder um die Live-Sendung eines Fernsehspiels handelt[218]. Die nachstehende Kette möglicher Fallgestaltungen ver-

---

[212] Englischer Bühnenbildner, Regisseur und Theaterreformer, 1872–1966.
[213] *Schwarz*, S. 153.
[214] Russischer Schauspieler und Regisseur, 1874–1942.
[215] *Schwarz*, S. 269.
[216] *Tairoff*, S. 67.
[217] *Ulmer*, GRUR Ausl. Int. 1953, S. 190; *Ulmer*, S. 178 f.
[218] Amtl. Begründung bei *Haertel-Schiefler*, S. 340; *Hubmann*, Filmrecht, S. 9.

deutlicht, wie fließend dadurch der Übergang von der Theaterinszenierung eines Bühnenwerkes zu einem Filmwerk wird:

1. Sendung oder Aufzeichnung einer Bühneninszenierung von der Bühne mit einer unbeweglichen Kamera.
2. Sendung oder Aufzeichnung einer Bühneninszenierung von der Bühne mit beweglichen Kameras.
3. Aufzeichnung einer Bühneninszenierung im Studio unter Ausnutzung der dadurch gegebenen zusätzlichen filmtechnischen Möglichkeiten.
4. Sendung einer Fernsehinszenierung eines Bühnenwerkes aus dem Studio.
5. Aufzeichnung einer Fernsehinszenierung eines Bühnenwerkes im Studio unter Ausnutzung der dadurch gegebenen zusätzlichen filmtechnischen Möglichkeiten.
6. Sendung eines Fernsehspiels aus dem Studio.
7. Aufzeichnung eines Fernsehspiels im Studio unter Ausnutzung der dadurch gegebenen zusätzlichen filmtechnischen Möglichkeiten.

Diejenigen Auffassungen, die die Urheberrechtsfähigkeit der Inszenierung ablehnen, können nicht befriedigend erklären, welche der vorstehenden Fallgestaltungen noch nicht oder schon urheberrechtliche Werke bilden und warum dies so ist. Nach der hier vertretenen Meinung entfällt dieses Abgrenzungsproblem, denn alle Fallabwandlungen – das Vorliegen der Voraussetzungen unterstellt – begründen ein Urheberrecht. Es bleibt lediglich die weit weniger schwierige und vom Einzelfall abhängige Frage zu beantworten, ob in der dritten Fallgestaltung das Urheberrecht dem Bühnenregisseur, dem Fernsehregisseur oder beiden gemeinsam (§ 8 UrhG) zusteht.

Die Anerkennung der Schutzfähigkeit der Inszenierung befindet sich nach allem in vollem Einklang mit der gesetzlichen Regelung des Filmrechts, während die Ablehnung der Schutzfähigkeit sich mit dieser Regelung nicht widerspruchslos vereinbaren ließe.

Ein weiterer durch das Urheberrechtsgesetz ausdrücklich geregelter Tatbestand, der eine Verwandtschaft zur Inszenierung aufweist, ist die Pantomime (§ 2 Abs. 1 Nr. 3 UrhG).

Das Wesen der Pantomime besteht in der Darstellung eines Gedankengutes durch Gestik und Mimik[219]. Dabei ist wie stets im Urheberrecht nicht das Gedankengut als solches, sondern die Form, die es im Ausdrucksmittel der Bewegung erfährt, geschützt.

Eine der Hauptaufgaben der Regie besteht darin, die dem Sinngehalt des Wortes und der Handlung entsprechende, erklärende und vertiefende Gestik und Mimik zu gestalten bzw. dem einzelnen Darsteller abzuverlangen. Obgleich nun Gestik und Mimik im Gegensatz zur Pantomime nicht die einzigen, sondern nur ergänzende Ausdruckselemente der Aufführung eines Stückes sind, liegt doch beiden Erscheinungen der gleiche Formgebungsvorgang zugrunde: Die Formung von Gedanken in Bewegungen.

Es bleibt nur die Frage, ob es der Regisseur oder der Schauspieler ist, der die pantomimische Zutat bei der Darstellung schafft. Sicherlich wird sehr häufig der Schauspieler selbst die einzelne passende Bewegung, das treffende Mienenspiel finden und anbieten. Insgesamt gesehen aber ist es der Regisseur, der das Bewegungsspiel inspiriert, vorspielt, berichtigt, verbessert, vereinheitlicht und verantwortet.

Auch im Hinblick auf die Werkeigenschaft der Pantomime erweist sich also die Anerkennung des Inszenierungswerkes als die dem Gesetz entsprechende Lösung.

Die Schutzfähigkeit der Inszenierung wird schließlich auch noch durch die Regelung des § 4 UrhG für Sammelwerke gestützt. Diese Vorschrift macht einmal deutlich, daß die Verbindung mehrerer Werke ihrerseits ein selbständiges Werk darstellen kann, zum anderen, daß die dieses Werk begründende schöpferische Leistung allein in der verbindenden Tätigkeit liegen kann.

Die Inszenierung ist zwar nicht wie das Sammelwerk eine Verbindung von Werken der gleichen Gattung. Es ist aber kein Grund ersichtlich, warum der Gedanke, daß durch die Verbindung von Werken unter Umständen ein übergeordnetes eigenständiges Werk entsteht, nicht auch auf die Verbindung von Werken verschiedener Gattungen zutreffen soll. Das Filmwerk ist ein Beispiel dafür, daß der Gedanke der schöpferischen Werkverbindung über den Rahmen des § 4 UrhG hinaus Geltung hat.

---

[219] *Ulmer*, S. 126; *Bussmann-Pietzcker-Kleine*, S. 346; *von Gamm*, § 2 Anm. 20.

Hinsichtlich der schöpferischen Auslese und Anordnung der Werke und Beiträge besteht allerdings ein wesentlicher Unterschied zwischen Sammelwerk und Inszenierung, weil dem Regisseur im Gegensatz zum Sammelwerkurheber Auslese und Anordnung der zu verbindenden Werke bereits weitgehend durch das Bühnenwerk vorgezeichnet sind. Diese Bindung durch das Bühnenwerk ist jedoch weniger künstlerischer als vielmehr faktischer Natur. Sie besagt nicht mehr, als daß gewisse Werke und Leistungen, deren tatsächlicher Gehalt zwar vorgezeichnet, deren künstlerische Ausgestaltung aber in weiten Grenzen frei ist, verbunden werden müssen. Deshalb muß der Regisseur im künstlerischen Bereich, in welchem allein ein Urheberrecht entstehen kann, eine Auslese unter einer Mehrzahl verschiedener Möglichkeiten treffen, wobei er gerade durch die künstlerische An- und Zuordnung dieser Möglichkeiten die ästhetische Einheit der Inszenierung schafft.

Die schöpferische Leistung des Urhebers eines Sammelwerkes ist also mit der des Urhebers einer Inszenierung teilweise vergleichbar. Die gleiche rechtliche Behandlung erscheint daher folgerichtig.

D III 2 *Unterscheidung von Werk und Leistung*

Die Inszenierungstätigkeit spielt sich nach allgemeiner Auffassung im Grenzgebiet zwischen werkschaffender und ausübender Kunst ab[220]. Aus der Tatsache, daß die Regietätigkeit in jedem Fall wiedergebende oder werkvermittelnde Tätigkeit ist, zieht die herrschende Meinung den Schluß, die Regieleistung sei keine werkschaffende Leistung. Nach der hier vertretenen – gegenteiligen – Ansicht bringt die Inszenierungsleistung zwar nicht grundsätzlich, jedoch in einer Vielzahl von Fällen ein Werk hervor. Die Frage, ob diese Ansicht der gesetzlichen Unterscheidung von werkschaffender und ausübender Kunst zuwiderläuft oder ob sie damit vereinbar ist, ist ein entscheidender Prüfstein dafür, ob das bisherige Ergebnis der Untersuchung aufrechterhalten werden kann.

Nach ganz überwiegender Meinung bildet die schöpferische Leistung das Abgrenzungsmerkmal zwischen werkschaffender und ausübender

---

[220] siehe oben S. 3.

Kunst[221]. Der ausübende Künstler könne deshalb nicht Urheber sein, weil seine Leistung nicht schöpferisch sei. Da oben nachgewiesen worden ist, daß die Regieleistung in vielen Fällen schöpferisch ist, muß ihr Urheber nach den von der herrschenden Meinung vertretenen Grundsätzen auch Urheberrechtsschutz genießen. Die Frage nach der Übereinstimmung der hier vertretenen Auffassung mit den Grundsätzen der Unterscheidung von Werk und Leistung könnte demnach bereits jetzt als erledigt gelten, wenn sich nunmehr nicht der Einwand erheben ließe, in gleicher Weise wie die Regieleistung sei mitunter auch die Leistung des Schauspielers, Dirigenten oder Solisten schöpferisch[222]. Wollte man auch diesem Personenkreis Urheberrechte zuerkennen, so wäre das in der Tat ein mit dem Gesetz nicht mehr zu vereinbarendes Ergebnis. Diese sonderbare Folge wirft die Frage auf, ob die Abgrenzung von Werk und Leistung, wie sie die herrschende Meinung trifft, zutreffend bzw. erschöpfend ist.

Es gelingt der herrschenden Meinung nicht, sachlich zu begründen, warum die wiedergebende Leistung schlechthin nicht schöpferisch sein kann. Bemühungen in dieser Richtung enden – ungewollt und unerkannt – im gegenteiligen Ergebnis. So schreibt *Hubmann* z. B.[223], die Wiedergabe sei deshalb keine Schöpfung, weil die Ausdrucksform des Geistigen durch den Urheber bereits vorgezeichnet sei, schon er habe sich diese Ausdrucksform vorgestellt und habe sie mitgeteilt, so gut sie sich schriftlich mitteilen lasse. Ob z. B. *Shakespeare* sich tatsächlich alle „werkgetreuen“ Inszenierungen seines „Hamlet“ schon vorgestellt hat, mag dahinstehen, denn ganz sicher reicht es nicht aus, daß jemand sich etwas vorgestellt hat. Eine schöpferische Leistung besteht gerade auch darin, daß jemand seinen Vorstellungen eine Form verleiht. Wenn die Mittel der Sprache nicht ausreichen, diesen Vorstellungen eine Form zu geben, bleiben sie ungeformt. Der Lohn der schöpferischen Leistung gebührt dann jenem, der ihre Formung nachholt.

---

221 *Marwitz-Möhring*, S. 35; *Hubmann*, Das Recht des schöpferischen Geistes, S. 39; *derselbe*, Der Schutz des ausübenden Künstlers, S. 25 f.; *Röber*, S. 32; *Benkard*, UFITA, 1955 I, S. 31; *Overath*, S. 44 f.; *Süß*, S. 61 f.; *Ulmer*, S. 141; *Bussmann-Pietzcker-Kleine*, S. 471; Amtl. Begründung bei *Haertel-Schiefler*, S. 103; offengelassen von BGHZ 33,11 und 33,25.

222 *Troller*, Immaterialgüterrecht, S. 500 ff.; *derselbe*, Jurisprudenz auf dem Holzwege, S. 12; *Hirsch Ballin*, UFITA 1954, S. 323; *Hartmann*, S. 109, 123.

223 *Hubmann*, Der Schutz des ausübenden Künstlers, S. 25.

An Stelle einer sachlichen Begründung beruft man sich fast durchweg[224] auf den Komponisten *Hans Pfitzner*: „An einem Geschaffenen kann nicht noch einmal der Vorgang des Schaffens bewerkstelligt werden. Der ‚schöpferische Interpret' ist ein Widerspruch in sich selbst"[225].

Diese Sätze können schon deshalb nicht an die Stelle einer Begründung treten, weil *Pfitzner* unter „schöpferisch" etwas völlig anderes versteht, als der Begriff im urheberrechtlichen oder gar ästhetischen Sinne bedeutet. Wenn man von einer schöpferischen Wiedergabe spreche, führt *Pfitzner* nämlich weiter aus[226], sei damit zwangsläufig eine Änderung des Werkes verbunden. Wenn diese Änderung nun eine Verbesserung sei, dann setze das einen Fehler, eine Verbesserungsbedürftigkeit des Werkes voraus. Eine solche Änderung sei aber höchstens ein kritischer, niemals ein schöpferischer Akt. Sei sie aber keine Verbesserung, sondern nur Änderung oder Verschlechterung, so sei sie eine „Vergewaltigung und Zerstörung des Werkes, also das gerade Gegenteil des Schöpferischen". Die Frage, ob etwas verbessert oder verschlechtert wird, ist jedoch vollkommen unerheblich dafür, ob eine Änderung schöpferisch ist.

Außerdem läßt *Pfitzner* bei seiner Behauptung die Verschiedenartigkeit der künstlerischen Betätigungen außer acht[227].

Auf der anderen Seite sind sich die Vertreter der herrschenden Meinung darüber einig, daß der Regisseur, der Dirigent, der Schauspieler und Solist bei der Wiedergabe eines Werkes eine individuelle Geistesleistung erbringen[228], die nach ästhetischen Maßstäben zweifellos eine schöpferische Leistung ist[229] und durch die das Werk in der Art der Wiedergabe individuell geprägt wird[230], ohne jedoch zu erklären, wie diese Individualität zustande kommt und was sie z. B. im Vergleich zur Individualität der Bearbeitung gegenüber dem Originalwerk be-

---

[224] *Meyer-Stapelfeld*, S. 46; *Möhring*, S. 19; *Overath*, S. 44; *Ulmer*, S. 141; *Bussmann-Pietzcker-Kleine*, S. 472.

[225] S. 20 f.

[226] S. 22.

[227] siehe oben S. 47.

[228] *Ellinger*, S. 35; *Röber*, S. 30; *Hubmann*, Das Recht des schöpferischen Geistes, S. 178; *Hubmann*, Schutz des ausübenden Künstlers, S. 24; *Meyer-Stapelfeld*, S. 37; *Möhring*, S. 19; *Nipperdey*, S. 39 f.; *Ulmer*, S. 141, 142; BGHZ 33, 52.

[229] *Ott*, S. 27.

[230] *Meyer-Stapelfeld*, S. 37; *Möhring*, S. 19.

deutet[231]. Da auch in dieser Untersuchung nachgewiesen worden ist, daß tatsächlich wiedergebende oder werkvermittelnde Tätigkeit und formgebende, also schöpferische Tätigkeit untrennbar miteinander verbunden sein können[232], kann der Satz, ausübende Kunst sei keine schöpferische Kunst, nur im Sinne einer negativen Definition schöpferischer Tätigkeit gemeint sein und verstanden werden: Eine künstlerische Tätigkeit ist dann nicht mehr werkschaffend, schöpferisch, formgebend im urheberrechtlichen Sinne, wenn sie der Werkvermittlung, der Wiedergabe dient.

Diese Art der Abgrenzung schöpferischer Tätigkeit ist jedoch in hohem Maße bedenklich.

Zum einen ist der Begriff des Werkes der wesentliche Grundbegriff des Urheberrechts. Er muß daher klar und sicher abgegrenzt werden. Der Begriff der Wiedergabe ist dagegen ein vieldeutiger wenig scharf umrissener Ausdruck, der für verschiedenartige Sachverhalte verwendet wird[233]. Eine Abgrenzung des Merkmals „schöpferisch" und daher letztlich auch eine Abgrenzung des Werkbegriffs, die sich auf den Wiedergabebegriff stützt, vermag deshalb nicht der Forderung nach einer möglichst eindeutigen Definition des urheberrechtlichen Werkes zu genügen.

Zum anderen verstößt diese Abgrenzung gegen die Denkgesetze, weil sie den abzugrenzenden bzw. einzuschränkenden Begriff „schöpferisch" im sachlichen Ergebnis mittels seiner selbst abgrenzt bzw. einschränkt:

Warum ist die wiedergebende Leistung nicht schöpferisch? Weil sie kein Werkschaffen ist[234]. Was ist Werkschaffen? Eine schöpferische Leistung. Die wiedergebende Leistung ist also nicht schöpferisch, weil sie keine schöpferische Leistung ist. Nicht anders verhält es sich mit der umgekehrten Begründung, die wiedergebende Leistung sei kein Werkschaffen, weil sie nicht schöpferisch sei. Mangels weiterer Abgrenzungsmerkmale lautet dann der Umkehrschluß: Die schöpferische Leistung ist also Werkschaffen[235]. Die wiedergebende Leistung ist demnach wiederum keine schöpferische Leistung, weil sie nicht schöpferisch ist. Schließlich heißt es auch, die wiedergebende Leistung sei

---

[231] *Troller*, Jurisprudenz auf dem Holzwege, S. 70.
[232] siehe oben S. 50; *Möhring*, S. 19.
[233] siehe oben S. 50.
[234] *Ulmer*, S. 142.
[235] *Ellinger*, S. 7 f.

nicht schöpferisch, weil die Grenzlinie der schöpferischen Leistung, die nicht verwischt werden dürfe, zwischen Werk und Wiedergabe verlaufe[236]. Was ist ein Werk? Das Ergebnis einer schöpferischen Leistung. Die Grenze der schöpferischen Leistung wird also durch die schöpferische Leistung selbst gebildet.

Da der herrschenden Auffassung von der Grenzziehung zwischen Werk und Leistung nicht gefolgt werden kann, muß ein anderes Merkmal gefunden werden, welches geeignet ist, die Unterscheidung zu begründen. Dieses andere Abgrenzungsmerkmal bietet sich in der Werksvoraussetzung der Objektivation an.

Wie gezeigt worden ist[237], besteht das urheberrechtliche Schutzinteresse deshalb, weil die schöpferische Leistung sich ihrem Schöpfer gegenüber verselbständigt, wodurch eine störfähige Beziehung zwischen Urheber und Werk hervorgerufen wird. Die schöpferische Leistung eines ausübenden Künstlers dagegen verselbständigt sich nicht. Sie verfügt zwar ebenso wie das Werk über ein Ausdrucksmittel, denn sie wird ja sinnlich wahrnehmbar, aber sie ist unfähig, außerhalb ihres Schöpfers fortzubestehen. Das Ausdrucksmittel der ausübenden schöpferischen Leistung ist nämlich flüchtig, sie könnte sich deshalb nur dadurch objektivieren, daß sie unabhängig von der Person des Schöpfers wiederholt werden kann[238]. Das aber ist nicht möglich, weil die Wiederholung der Leistung an die Individualität des einzelnen Künstlers gebunden ist.

Um der Trennung von Urheberrechts- und Leistungsschutz einerseits und der geistigen Leistung des ausübenden Künstlers andererseits gerecht zu werden, ist es notwendig, die Abgrenzung nicht nur nach der Voraussetzung der schöpferischen Leistung, sondern zusätzlich durch das Erfordernis der Objektivation zu bestimmen[239]. Die ausübenden Künstler, die nicht schöpferisch tätig sind, z. B. Chor- und Orchestermitglieder, können schon aus diesem Grunde kein Urheberrecht erwerben. Insoweit reicht die Abgrenzung der herrschenden Meinung aus. Bei denjenigen aber, die schöpferisch tätig sind, verhindert die fehlende Objektivation den Erwerb von Urheberrechten.

---

[236] *Ulmer*, S. 141.
[237] siehe oben S. 54 f.
[238] siehe oben S. 24.
[239] vgl. *Dienstag-Elster*, S. 76; im Ergebnis ebenso *Schramm*, Die schöpferische Leistung, S. 35.

Die Inszenierungsleistung dagegen objektiviert sich[240]. Ihr Urheber kann deshalb, sofern seine Leistung schöpferisch ist, vollen Urheberrechtsschutz genießen.

Die Anerkennung eines Inszenierungswerkes steht also nicht im Widerspruch zu der Trennung von Werk und Leistung, sondern sie fügt sich in diese Unterscheidung ein, indem sie dazu beiträgt, die Grenzlinie zwischen diesen beiden Erscheinungsweisen künstlerischen Schaffens schärfer und sicherer zu ziehen.

D III 3 *Sinn und Zweck des Urheberrechts*

Die Schutzfähigkeit der Inszenierung befindet sich schließlich im Einklang mit dem Sinn und dem Zweck des Urheberrechts.

Das Urheberrecht ist bemüht, geistig schöpferische Arbeit in allen ihren Erscheinungsweisen zu erfassen, um den schöpferischen Menschen in seiner persönlichen Beziehung zu seiner Schöpfung und in der Nutzung derselben rechtlich zu schützen.

Zu diesem Ziel ist die urheberrechtliche Entwicklung erst allmählich durchgedrungen. Anlaß und Ausgangspunkt der Rechtsentwicklung war die Erfindung der Buchdruckerkunst. Die Gefahr des Nachdrucks von Schriftwerken durch die Möglichkeit der mechanischen Herstellung einer unbegrenzten Zahl von Vervielfältigungen erweckte ein Schutzbedürfnis[241], dem zunächst in der Form von Privilegien für die Hersteller des Druckwerkes abgeholfen wurde. Den Wandel vom Schutz des Herstellers des Werkexemplars zum Schutz des Verfassers des Geisteswerkes brachte erst die Idee vom „geistigen Eigentum"[242]. Dennoch wurde auch weiterhin von der Rechtsordnung, die, ihrem römisch- und deutschrechtlichen Ursprung entsprechend, vor allem an das Äußere und Sachliche anknüpfte, nicht die geistige Leistung als selbständiger Gegenstand, sondern das Geistige nur in seiner Verbindung mit dem Körperlichen geschützt[243]. Nur langsam und endgültig erst durch das Urheberrechtsgesetz von 1965 ist das Urheberrecht von der Voraussetzung der körperlichen Festlegung abgerückt, wie der Verzicht auf die Festlegung bei pantomimischen und choreographischen

---

[240] siehe oben S. 53 ff.
[241] *Ulmer*, S. 47.
[242] *Bussmann-Pietzcker-Kleine*, S. 318 f.
[243] *Hubmann*, Das Recht des schöpferischen Geistes, S. 8.

Werken zeigt. An die Stelle der vormals notwendigen Festlegung ist das Erfordernis der Objektivation getreten, welche eine Form der Vergegenständlichung des Geistigen darstellt, die auf eine feste materielle Grundlage nicht angewiesen ist.

Das Urheberrecht schützt frei von jeder moralischen Wertung jede schöpferische Leistung, die sich objektiviert. Aus diesem Grunde ist es für den Schutz der Inszenierung gleichgültig, ob durch sie möglicherweise das Urheberrecht des Autors verletzt wird und ob darin gegenüber dem Autor eine nach außerrechtlichen Wertvorstellungen unerlaubte Anmaßung liegt. Deshalb ist die Auffassung von der Schutzunwürdigkeit ehrfurchtsloser Regisseure, die sich „selbstherrlich" über die Person des Dichters stellen, verfehlt. Welcher Kunst – der Dichtkunst oder der Theaterkunst – der Vorrang gebührt, ist eine Wertungsfrage, die mit der Aufgabe des Urheberrechts nichts zu tun hat und die zudem, wie die Geschichte des Theaters zeigt, dem Wandel unterworfen ist.

Aischylos, *Sophokles* und *Euripides* haben ihre Stücke für eine einzige Aufführung geschrieben. Keiner von ihnen hat zu seinen Lebzeiten eine Wiederholung eines seiner Werke erlebt. *Shakespeare, Lope de Vega* und *Calderôn*, *Corneille* und *Molière* haben für bestimmte Theater und für bestimmte ihnen bekannte Schauspieler gearbeitet. Erst mit der Aufklärung begann sich die Wertschätzung zugunsten des Dichters zu verschieben, begann die Herabsetzung des Theaters zur bloßen Hilfskunst[244], die zusammentraf mit Argwohn und Vorurteil gegenüber dem unbürgerlichen Beruf des Schauspielers. Inzwischen ist das Pendel der Entwicklung zurückgeschlagen. Regisseure wie *Reinhardt*, *Jessner*, *Fehling*, *Hilpert*, *Piscator*, *Brecht* und *Gründgens* haben der Kunstform des Theaters zu neuer Eigenständigkeit verholfen.

Ein einseitiges Abhängigkeitsverhältnis des Theaters von der Dichtkunst ist bei unvoreingenommener Betrachtungsweise nicht zu erkennen. Es gibt keine Verpflichtung des Theaters gegenüber dem Dichter außer der Beschränkung, die der urheberrechtlich geschützte Autor dem Theater selbst auferlegt[245]. Das ist jedoch eine Beschränkung, die für jeden Bearbeiter oder Benutzer des geschützten Werkes gilt. Die Kunst des Theaters und die dramatische Kunst sind unterschiedliche und eigenständige Formen künstlerischer Ausdrucksweise, die sich wech-

---

[244] *Melchinger*, S. 20.
[245] vgl. oben S. 40, FN 142.

selseitig bedingen[246]. Die Erfassung der Inszenierung als urheberrechtliches Werk ist ein folgerichtiges Ergebnis der urheberrrechtlichen Entwicklung, weil es der Zielsetzung des modernen Urheberrechts entspricht, die objektivierte schöpferische Leistung zu schützen.

D IV Urheberschaft am Inszenierungswerk

Bei der Frage nach dem Urheber des Inszenierungswerkes ist zunächst zu beachten, daß die in einer Inszenierung aufgehenden selbständigen Werke und Leistungen und die Inszenierung selbst als Gesamtwerk zu unterscheiden sind.

Da die „Urheber" der Einzelbeiträge unter Umständen als Miturheber des Gesamtwerkes in Betracht kommen, werden zunächst die urheberrechtlichen Verhältnisse hinsichtlich der einzelnen Leistungen, aus denen eine Inszenierung sich zusammensetzt, aufgezeigt.

An erster Stelle ist das Bühnenwerk selbst zu nennen. Es ist ausnahmslos ein Werk im Sinne des § 2 UrhG. Sein Urheber ist der Dichter.

Das Bühnenwerk wird regelmäßig dramaturgisch bearbeitet. Diese Bearbeitung bewegt sich unterhalb der Grenze einer schöpferischen Leistung, wenn es sich lediglich um überkommene, routinemäßige oder im Vergleich zum gesamten Werk unbedeutende Veränderungen handelt. Stellt die Bearbeitung dagegen eine schöpferische Leistung dar, erwirbt der Bearbeiter ein Urheberrecht (§ 3 UrhG). Die schöpferische Bearbeitung nimmt in der Regel der Regisseur selbst und nur selten der Dramaturg vor. Möglicherweise bearbeiten Regisseur und Dramaturg gemeinschaftlich das Bühnenwerk, so daß sie Miturheber der Bearbeitung sind (§§ 8 und 3 UrhG).

Das Bühnenbild ist beinahe regelmäßig ein Werk der bildenden Künste[247] und als solches urheberrechtlich geschützt (§ 2 Abs. 1 Nr. 4 UrhG). Urheber ist der Bühnenbildner, der bisweilen zugleich der Regisseur ist.

Kostüme und Masken können als Werke der angewandten Kunst Urheberrechtschutz genießen (§ 2 Abs. 1 Nr. 4 UrhG). In der Mehrzahl

[246] *Simmel*, S. 345; *Hartmann*, S. 108.

[247] *Dienstag-Elster*, S. 82; *Voigtländer-Elster-Kleine*, S. 25; *Ulmer*, S. 93; *Hubmann*, Urheber- und Verlagsrecht, S. 94.

der Fälle wird es freilich an der künstlerischen Gestaltungshöhe fehlen, so daß ein Urheberrechtsschutz entfällt.

Sofern Musik- und Tanzkunstwerke Bestandteile einer Inszenierung sind, begründen sie ebenfalls Urheberrechte (§ 2 Abs. 1 Nr. 2 und 3 UrhG) in der Person ihrer Schöpfer.

Die mitwirkenden Darsteller erwerben für ihre künstlerische Leistung die Schutzrechte nach §§ 73 ff. UrhG.

Außerdem erfordert die Gestaltung und Durchführung einer Aufführung eine Vielzahl technischer Leistungen, die für eine urheberrechtliche Würdigung unberücksichtigt bleiben können.

Urheber des Gesamtwerkes Inszenierung kann nur derjenige Künstler sein, der an der schöpferischen Leistung, die eben dieses Gesamtwerk hervorbringt, beteiligt ist. Diese schöpferische Leistung besteht, wie dargelegt worden ist, in der Formgebung der Inszenierungsidee in den Ausdruckselementen des Theaters und der dadurch bedingten Verschmelzung der Einzelbeiträge zum Gesamtwerk Inszenierung.

In erster Linie kommt der Regisseur, dessen alleiniges Gedankengut in aller Regel die Inszenierungsidee ist, als Schöpfer der Inszenierung in Betracht. Fraglich erscheint nur, ob er ihr Alleinurheber ist oder ob auch die oben angeführten Künstler im Hinblick auf die Formgebung der Inszenierungsidee schöpferisch tätig werden.

Für den Urheber des Bühnenwerkes kann diese Frage schon deshalb verneint werden, weil sein Werk zeitlich voransteht.

Am Beispiel des Bühnenbildners soll verdeutlicht werden, daß auch die anderen Beteiligten bezüglich der Inszenierungsidee nicht formgebend tätig werden. Die Schöpfung des Bühnenbildes steht unter einem doppelten künstlerischen Vorzeichen. Es wird einmal als ein eigenständiges Kunstwerk geschaffen. Als solches stellt es die Verwirklichung einer bildnerischen Idee in Formen, Farben und Gegenständen dar. Es wird zum anderen für einen bestimmten künstlerischen Verwendungszweck als Bestandteil der Inszenierung erstellt.

Die schöpferische Tätigkeit des Bühnenbildners beschränkt sich im Regelfall auf die Formgebung der bildnerischen Idee. Hinsichtlich der Formgebung der Inszenierungsidee bildet seine Tätigkeit nur einen mittelbaren Beitrag. Die Form der Inszenierungsidee wird durch die freien und gegensätzlichen Formergänzungen in ihrer Gesamtheit gebildet. Der Bühnenbildner schafft aber im Regelfall nur einzelne bruchstückhafte Ergänzungen, die erst im Zusammenspiel mit anderen Formergänzungen die Inszenierungsidee auszudrücken vermögen. Die einzelne Ergänzung für sich genommen bedarf keiner schöpferischen Leistung, weil sie keinen eigenen Gedanken formuliert[248]. Dem kann nicht entgegengehalten werden, daß beim gemeinschaftlichen Werkschaffen der einzelne Miturheber zwangsläufig nur „Teile" des endgültigen Werkes schaffe. Ein solcher Einwand ließe außer acht, daß im Gegensatz zum gemeinschaftlichen Werkschaffen Regisseur und Bühnenbildner nicht ein gemeinsames Ziel, die Vollendung eines gemeinsamen Werkes, verfolgen, sondern daß der eine das Gesamtwerk Inszenierung, der andere das Kunstwerk Bühnenbild schaffen will. Der Sachverhalt ist eher mit dem Sammelwerk vergleichbar, wo der Urheber des einzelnen Beitrages ebenfalls nicht am Urheberrecht für das Sammelwerk beteiligt ist. Der Unterschied besteht lediglich darin, daß der Sammelwerkurheber bereits bestehende Werke zusammenfügt, während das Bühnenbild von vornherein als Bestandteil der Inszenierung geschaffen wird. Dieser letzte Umstand läßt es nun aber auch möglich erscheinen, daß im Ausnahmefall der Bühnenbildner auch schöpferisch bezüglich der Schaffung des Inszenierungswerkes tätig wird (§ 8 UrhG). Das wird jedoch nur dann der Fall sein, wenn dem Bühnenbild nach der gemeinschaftlichen Auffassung von Regisseur und Bühnenbildner innerhalb der Inszenierung eine überragende, den Gehalt der Inszenierung prägende Bedeutung zukommt.

Was für den Bühnenbildner gesagt worden ist, gilt auch für die anderen Urheber selbständiger Werke innerhalb der Inszenierung mit der Einschränkung, daß bei diesen Künstlern eine Miturheberschaft an der Inszenierung noch seltener als beim Bühnenbildner möglich sein wird, weil das Gewicht ihrer Beiträge im Verhältnis zum Gesamtwerk ungleich geringer ist.

[248] siehe auch oben S. 48 f.

E Ergebnis

Die Inszenierungsleistung kann, muß aber nicht schöpferisch sein.
Die schöpferische Leistung einer Inszenierung kann in einer Veränderung der Form des Bühnenwerkes bestehen. Die Form des Bühnenwerkes kann durch eine Textbearbeitung oder durch die szenische Gestaltung verändert werden.

Die schöpferische Leistung einer Inszenierung kann darüber hinaus in einer zusätzlichen Formgebung der dichterischen Idee in den Ausdruckselementen der Bühne und der dadurch bedingten Verschmelzung der Aufführungsbeiträge zur einheitlichen Form der Inszenierung liegen.

Die Inszenierung, die die Form des Bühnenwerkes verändert, ist dann nicht schöpferisch, wenn die neue Form gegenüber der Form des Bühnenwerkes nicht hinreichend individuell ist. Die Inszenierung, die die dichterische Idee zusätzlich durch die Ausdruckselemente der Bühne formt und dadurch die einheitliche Form der Inszenierung bewirkt, ist dann nicht schöpferisch, wenn die zusätzliche Formgebung im Vergleich zu anderen Inszenierungen keine ausreichende Individualität aufweist.

Wenn die Inszenierung das Ergebnis einer schöpferischen Leistung ist, ist sie ein urheberrechtliches Werk, denn diese Leistung objektiviert sich ihrem Schöpfer gegenüber.

Da die Inszenierung ähnlich wie die Bearbeitung nicht notwendig ein Werk ist, sondern nur dann, wenn sie das nach den allgemeinen Grundsätzen zu bestimmende Maß an schöpferischer Eigenleistung aufweist, kann das Ergebnis der Untersuchung in Anlehnung an den Wortlaut des § 3 UrhG wie folgt zusammengefaßt werden:

> Inszenierungen eines Bühnenwerkes,. die persönliche geistige Schöpfungen sind, werden unbeschadet des Urheberrechts am inszenierten Werk wie selbständige Werke geschützt.

Urheber des Inszenierungswerkes ist in aller Regel allein der Regisseur. Nur selten sind Dramaturg, Bühnenbildner oder andere Urheber einzelner in die Inszenierung eingehender Werke über ihre selbständige künstlerische Aufgabe hinaus so maßgebend an der Formgebung der Inszenierungsidee insgesamt beteiligt, daß sie Miturheber des Gesamtwerks sind.

Kolibri 360 GmbH
Ferdinand-Jühlke-Straße 7
99095 Erfurt, Deutschland
produktsicherheit@kolibri360.de